AF299125

ESQUISSE HISTORIQUE

D'UNE

ORAISON FUNÈBRE

DE

NAPOLÉON

Par Camille ROUZÉ.

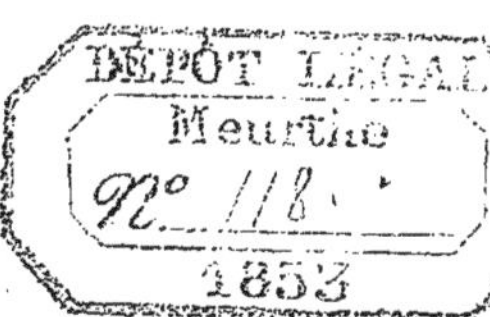

> L'oraison funèbre, chez les modernes, n'admet que la louange ; mais la flatterie en détruit souvent l'utilité.

TOUL,

Imprimerie d'Auguste Bastien, rue de Foy, N° 11.

MAI 1853.

Ayant lu dans un journal, que l'on devait prononcer l'orai-
son funèbre de Napoléon en mai 1853, ma première pensée fut
de l'écrire ; il n'y avait là ni grand mérite, ni grande difficulté.
Le sujet se prêtait, majestueux, à la pompe du style ; mais ayant
toujours fait servir l'éloquence et la poésie à la discussion, et
surtout à la philosophie, je me contentai de jeter rapidement sur
le papier les pages historiques qui suivent : elles furent écrites
à mesure qu'on les imprimait.

ESQUISSE HISTORIQUE

D'UNE ORAISON FUNÈBRE

DE

NAPOLÉON

La nature crée, ensuite le travail et la fortune font les
grands hommes : c'est là ce qui distingue les vies d'Ar-
chimède, de César, de Shakspeare, de Napoléon. La médiocrité pour s'élever a besoin de la faveur, de l'intrigue,
de la richesse, des ancêtres ; les esprits supérieurs fou-
lent la terre d'un pas inégal et marchent vers les siècles.
Tantôt ils sont un bienfait plein de générosité divine pour
les peuples, tantôt ils ne font que sillonner l'espace et se
montrer ; d'autres fois, ils chassent devant eux le vent de
la colère et deviennent le présage ou l'accomplissement
de grands maux.

Ces existences rendent ceux qui en sont doués inexpli-
cables aux yeux du vulgaire, car, gravissant les difficultés à la lueur du génie et faiblement émues de considéra-
tions secondaires, elles tendent vers une perfection qui ne
semble se replier qu'avec effort sur la destinée humaine.
Cet état de l'ame, que l'on suppose idéal, l'esprit supérieur
seul l'entrevoit, le connaît ; il y puise sa force et son activité, dédaignant ce qui s'élève de la fange, de l'abyme de
l'injustice et des ténèbres, pour obscurcir son essor.
Rien, hormis la mort, ne saurait ralentir ses résolutions,
ses projets qui semblent souvent devancer, par d'inex-
plicables prévisions, les temps et les siècles : il lui faut,

avant tout, un avenir de gloire ou de célébrité. Cependant, ce n'est que lorsque ces hommes supérieurs ont cessé de vivre, qu'ils sont appréciés, regrettés, et que, par orgueil national, on les élève, alors, sur le piédestal de l'idolâtrie. Voilà ce qui nous occupera dans l'examen des efforts, des succès et des revers de l'homme prodigieux qui connaît peu d'égaux chez les peuples modernes, dans la vie de Napoléon Bonaparte, qu'il est juste de placer hors ligne, sous le nom de Napoléon-le-Grand.

S'il n'avait été qu'un simple conquérant, un puissant chasseur devant l'Éternel, la parole se flétrirait sur sa tombe ; mais comme Assur, qui fonda l'empire d'Assyrie, comme le législateur Ninus, il appela les hommes utiles, les arts, les lois, les bienfaits à le seconder ; il rétablit aussi Ninive. Voilà ce que la vérité déploie avec sécurité, sans flatterie et sans colère, *sine irâ et studio* ; voilà ce qui, au milieu des travaux, des méditations, des exploits guerriers, permet au philosophe de répéter : il venait des gens pour admirer la sagesse de Salomon, les peuples accouraient de tous les lieux de la terre ; il dépassait les rois de l'Orient. Voilà ce qui, plus que les conquêtes, les invasions, les batailles gagnées, sera éternellement glorieux, inébranlable.

Les éloges les moins mérités sont prodigués à la puissance avec tant de bassesse ou de servilité, qu'ils font douter de ceux que l'on accorde au véritable mérite ; cependant il est des positions tellement éclatantes que l'envie et la malignité sont contraintes de se retirer dans l'ombre et de fermer les yeux. Ce fut le sort que leur imposa Napoléon, second fils de Charles Bonaparte et de Lœtitia Ramolini, femme qui se distinguait par une mâle vigueur et des qualités héroïques. Le père de Napoléon, après avoir étudié le droit à Pise, combattit à côté de Paoli pour la défense de la patrie ; il se serait exilé comme lui, sans les conseils de Lucien Bonaparte, archidiacre de la cathédrale d'Ajaccio, qui conservèrent par ce moyen à la France celui qui devait un jour tenir entre ses mains puissantes, l'avenir et la gloire de ce pays, l'Europe et ses destinées. Plus tard, lorsqu'il fut élevé au faîte de la domination et de la splendeur, on voulut trouver à Napoléon des aïeux d'une antique origine ; mais il répondit : que son illustration datait de Montenotte et de Lodi.

Dès son entrée à Brienne, son application le fit remarquer. Quoique cherchant la solitude, il aimait à commander ; Pichegru le jugeait inflexible. Admis à l'Ecole de Paris, il connut Raynal et dut peut-être à cet homme célèbre, le goût de cette immense lecture dont il sut pendant toute sa vie généraliser si utilement l'application. Sous-lieutenant d'artillerie à 17 ans, envoyé, peu de temps après, avec le grade de lieutenant, à Valence, il obtint le prix d'une question littéraire, décerné par l'Académie de Lyon. Nommé capitaine sans autre protecteur que son rang d'ancienneté, il fut témoin des insurrections du 20 juin et du 10 août, et ne craignit pas d'affirmer qu'un officier résolu balaierait le désordre qui suivait, avec la terreur, ces masses formidables en apparence, mais indisciplinées. Son avenir se découvrait.

Napoléon développa dès sa jeunesse un caractère antique ; il en avait la résolution, la vigueur : il ne rappelait ni Miltiade, ni Léonidas, ni Camille, ni Fabricius, il ressemblait à César. Après dix-neuf siècles, dans cette même Gaule qui les illustra, ces deux hommes rapprochaient leur personne, leur gloire, leur fortune et leurs destinées : fiers, intrépides, magnifiques, généreux, ils devaient également conquérir, ensuite pacifier leur patrie. Napoléon accabla l'empire d'Autriche ou d'Orient ; César, après avoir défait les lieutenants de Pompée en Espagne, conduisit ses aigles triomphantes et vainquit à Pharsale ; Napoléon replaça généreusement sur la tête de l'empereur d'Autriche la couronne de ses états dont il pouvait le dépouiller ; César répandit des larmes lorsque Photin lui présenta, par l'ordre de Ptolémée, la tête de son rival. L'un et l'autre saluèrent l'Egypte de leurs regards et ses éternelles pyramides ; ils furent ensuite dominateurs absolus sur des peuples nombreux : l'un périt d'une mort prompte mais violente ; l'autre, dans une île sauvage, lointaine, dans une lente et rigoureuse agonie. Tous deux furent chéris, vénérés après leur mort. Conquérants et législateurs, voulant étendre les limites de l'intelligence, ils cumulèrent les fruits de la gloire et les conquêtes de l'esprit : l'un écrivit ses inimitables commentaires ; l'autre dicta des mémoires et des proclamations où l'on trouve l'inspiration rapide du caractère, verve de cette organisation forte, qui devait entraîner aussi Corneille et Lucain.

Le premier commandement de Napoléon fut contre les Anglais qui soutenaient Paoli dans l'île de Corse. Ayant pris, ainsi que son frère Lucien, parti pour la France, sa famille fut exilée et se retira à Nice, ensuite à Marseille, où elle vécut du sort des proscrits. Une tempête s'opposa à ses succès dans l'île de Corse, mais le siége de Toulon attira sur lui l'attention générale. Cette ville s'étant déclarée contre la Convention, reçut dans ses murs des troupes espagnoles, sardes, anglaises, napolitaines : arsenal de la France, trente-huit vaisseaux de ligne se trouvaient dans son port. L'art, la nature, des ingénieurs et des généraux se réunissaient pour la rendre inexpugnable. Barras et Fréron, effrayés des longueurs du siége, proposaient de transporter l'armée derrière la Durance, mais tandis qu'on désespérait du succès, un génie d'un nouvel ordre allait se montrer.

Dès qu'il arriva sur le lieu de l'action, il reconnut des marques d'incapacité flagrantes : on ne faisait pas rougir les boulets près des canons ; ils s'arrêtaient au tiers de la distance ; le général Carthaux fut contraint d'en convenir. L'aigle, de son regard qui plane et domine les difficultés, comprit qu'il n'était pas prudent alors de violer ni de discuter les ordres du Comité de Salut public, qui portaient d'investir la place ; mais son intelligence découvrit un moyen moins direct, quoique certain, dans l'occupation successive des points culminants, qui rendraient ensuite maître de la cité. Négligeant donc la ville, il proposa d'atteindre le promontoire de Grasse, en chassant les assiégés du fort Malgrave et de deux redoutes avec le secours desquelles les Anglais avaient établi une forte ligne de défense pour protéger la flotte et le port. Il déduisait de sa pensée, que si les assiégeants s'emparaient de ces points fortifiés, ils domineraient l'escadre ennemie et la forceraient à prendre la mer ; qu'ils commanderaient l'entrée, empêcheraient l'arrivée des vivres et des secours ; enfin, que la garnison, en danger d'être privée de tout appui, préférerait se retirer sur les vaisseaux que d'être bloquée dans la ville ; que celle-ci serait forcée à capituler, contrainte par la famine. La nécessité fit adopter le plan du jeune officier.

Au général Carthaux succéda Doppet, tout-à-fait inhabile, puis Dugommier, couvert de blessures, vétéran aussi brave que son épée : celui-ci comprit Napoléon qui, pendant le siége, s'exposa avec courage, fit un jour le service d'une pièce de canon, étudia Junot, Duroc : dès cette époque, il analysait les hommes.

Les représentants du peuple, confiants dans leur pouvoir suprême sur les généraux et les armées, mais ne se doutant pas que le commandement est une profession, désapprouvèrent la pensée de Napoléon. Ils ne comprenaient pas que des opérations, dirigées contre des fortifications détachées, placées à distance, deviendraient, après cette occupation, le moyen de soumettre la ville. Leur impatience ouvrit le feu contre Malbosquet avant que les travaux fussent terminés. Cependant le général O'Hara, surpris d'une attaque si inaccoutumée et consultant plutôt son courage que son devoir de commandant, qui devait le retenir dans la place, se mit à la tête de 3000 hommes, pour réduire au silence une batterie que Napoléon avait sû cacher derrière un plant d'oliviers. Cette sortie parut réussir, mais Napoléon rallia quelques troupes, se servit d'un chemin couvert, tomba sur ceux qui se croyaient vainqueurs, avec tant de furie, qu'il répandit la confusion, culbuta les ennemis, blessa leur général, le fit prisonnier.

tandis que lui-même était atteint d'un coup de bayonnette
à la cuisse. Cette déroute complète démoralisa la garnison
privée alors de son chef. Cinq batteries foudroyèrent
Malgrave pendant 24 heures ; ensuite, avant le jour, par
une forte pluie, l'assaut commença. Le danger n'était pas
seulement en face ; à cette époque, l'insuccès devenait
formidable, Dugommier le comprit, fut repoussé, revint à
la charge et s'empara du fort. Trois heures après cet exploit, les représentants du peuple, l'épée à la main, vin-
rent sur la brèche sans défenseurs, complimenter les chefs
et les soldats : ils reçurent de Napoléon l'assurance nouvelle que la ville leur appartenait. Leurs missives à la
Convention s'étendirent sur leur propre mérite, mais ou-
blièrent jusqu'au nom de l'homme à qui l'on devait ce
succès. Toulon fut évacuée : les assiégeants y pénétrèrent
au milieu des flammes de l'arsenal, des vaisseaux s'abî-
mant dans les ondes ; d'un vaste volcan de foudres, lan-
çant des débris et des ruines ; d'un lamentable et lugu-
bre embrasement.

Peut-être cet amas de destruction horrible, où se joignit depuis l'incendie de Copenhagen et le reproche, cette
fois injuste, de l'immoral abandon de Quiberon, laissè-
rent-ils de tristes lueurs blafardes dans l'ame grande,
héroïque, mais profonde et se ressouvenant, de Napoléon.
Ces cruels motifs, qui séparèrent invariablement deux
peuples qu'il eût été si désirable de voir marcher réunis
vers l'anéantissement de la servitude et la sage liberté du
monde, ne furent sans doute pas les seuls, puisque l'a-
mour exclusif de la domination universelle les dévorait ;
mais pourquoi, par orgueil national, supposer tous les
droits d'un côté, comme tous les torts de l'autre : afin
d'être juste, l'Angleterre ne pouvait-elle aussi s'alarmer,
lorsqu'elle voyait à l'opposite du détroit, près de ses
bords, en face du pays, les formidables préparatifs du
camp de Boulogne ?

Cependant une gloire nouvelle et brillante s'élevait rapide à l'horizon. Les louanges si justement méritées et

que supprimait la malveillance étaient compensées par celles du vieux et loyal Dugommier, dont la noble humanité devrait servir de modèle aux guerriers de tous les âges : Napoléon, sur sa recommandation, passait à l'armée d'Italie pour aider à déloger les Autrichiens du col de Tende. Son plan fut admis et Saorgio fut prise : l'on gravit alors les Alpes, dont les monts sourcilleux inclinèrent leurs fronts éternels et blanchis devant le génie. Tandis qu'il assurait la victoire, on demandait sa tête à la Convention. Ce danger dura peu ; mais, qui le croirait, il fut contraint de venir à Paris, solliciter un emploi dans sa profession ! Dans tous les temps et chez tous les peuples, on a voulu constamment, dès ses premiers rayons, étouffer la supériorité du mérite ! Quelle est donc la démence ou la fureur des hommes ? Napoléon exaspéré, ne se sentant pas né pour la médiocrité, prit la résolution de passer en Turquie : mais le temps de déployer toute sa destinée arrivait.

En effet, dans la vie de l'homme supérieur, il est des moments décisifs où la seule détermination prompte et ferme, décide de tout un avenir et de la fortune. Menou, chargé de défendre le Directoire et la Convention, avait échoué par faiblesse, par condescendance ou par trahison ; Napoléon se chargea avec résolution de cette mission périlleuse et terrible ; il réussit. En peu de jours il franchit ensuite les autres grades militaires et fut nommé général en chef, commandant les forces de l'intérieur ; bientôt, il fit une action qui devait être chère aux Français, car il épousa Joséphine Tascher de la Pagerie, veuve du général Beauharnais dont la tête tomba sous le couteau révolutionnaire, quatre jours avant celle de Robespierre.

Joséphine, quoique n'étant plus d'une première jeunesse, en conservait tous les charmes séduisants, la grace et l'éclat. Sans prétendre dominer par l'esprit ou les talents, qui ne peuvent remplacer les vertus, elle exerçait sur la société une violence douce, irrésistible. Cette domination n'était pas celle que produit la seule supériorité de l'intelligence, que cependant elle possédait, mais celle qui sait parler à l'ame souffrante, sensible ou résignée, et pénétrer sans effort, pour se faire bénir dans les cœurs. Sa vie entière ne fut qu'un long circuit de belles actions délicieusement étudiées, un inépuisable et généreux bienfait. Sans abaissement, sans faiblesse dans l'infortune, elle se trouva naturellement grande, bonne, forte et généreuse au sein de la prospérité. Le pouvoir qui la mettait en relief, semblait créé pour elle, mais ne parut pas l'élever ; alors elle effaça de ses regards jusqu'au souvenir de l'oppression, et l'injustice d'une détention cruelle ; elle était assez grande pour ne plus s'en souvenir : elle n'oublia jamais un bienfait.

La nation entière, sans exception de personnes, d'intérêts ou de partis, avait pour elle tant de respect, d'amour et de louanges, que lorsqu'elle descendit, avec une abnégation noble et généreuse, les marches du trône le plus radieux de l'univers, elle vit de toutes parts éclater les regrets, l'admiration l'accompagner dans sa retraite, et qu'elle put jouir, tandis qu'elle vivait, du deuil réel de la France. *Tunc defecit gaudium cordis nostri; versus est in luctum chorus.*

Trois jours après cette union, le destin appelait Napoléon en Italie ; il suivit le chemin qu'avaient ouvert avant lui, sous le front de neiges éternelles, Brennus, l'infatigable Annibal, et celui qui fut constamment son émuleo u son rival, César. Le roi de Sardaigne avait déjà perdu Nice et la Savoie ; mais l'armée austro-sarde était nombreuse, confiante en Beaulieu, bien fournie ; des troupes napolitaines devaient encore s'y réunir. Malgré les villes fortifiées et leurs garnisons nombreuses, l'avantage, la connaissance des lieux, les communications faciles, l'abondance, tandis que de l'autre côté, se trouvaient la pénurie, les travaux gigantesques, les positions à conquérir, les périls ; le nombre des troupes coalisées excédait celui des Français. Mais une seule pensée héroïque semblait tout dominer : jusqu'ici Napoléon avait agi sous d'au-

tres généraux tels que le vertueux Dugommier, Dumer-
bion, Barras, qui lui étaient inférieurs en science mili-
taire ; aujourd'hui il s'emparait seul de la gloire et des
succès ; voilà ce qui devait aplanir des montagnes et les
obstacles.

Cependant, cette fois, il résolut d'abaisser les Alpes en
se rapprochant de la Méditerranée ; Beaulieu se hâta de
protéger Gênes : la droite de son armée devait agir sur
Ceva, le centre avec d'Argenteau sur Montenotte, lui-
même et la gauche s'avançaient vers Voltri. Cette disposition était calculée, mais Beaulieu, à cause de la disposition du pays, avait le désavantage de ne pouvoir
réunir ses trois corps d'armée, ce que Napoléon avait
évité.

Bientôt d'Argenteau marche sur Montenotte, tandis que
Beaulieu aborde notre avant-garde. Le général Cervoni
cède du terrain à Beaulieu, mais le colonel Rampon arrête
d'Argenteau par une résistance désespérée ; il fit plus,
car le jour suivant, il continuait à défendre les redoutes
françaises près de Montelegino, tandis que d'Argenteau,
au lieu d'essayer les derniers efforts pour s'en emparer,
remettait l'attaque.

Le lendemain, dès le matin, tout était changé. Cervoni
avait pû se réunir à Laharpe ; tous deux, pendant la nuit,
s'étaient établis derrière les redoutes. Masséna, Augereau,
avaient aussi marché sur le flanc et le derrière de d'Argenteau qui, se trouvant alors enveloppé, dut recourir à la
retraite, laissant sur le champ de bataille des canons, des
drapeaux, 1000 morts et 2000 prisonniers.

Telle fut Montenotte, première bataille de Napoléon.
Il y déploya cette infaillibilité d'action, cette certitude de
combinaison mathématique, qui lui permirent, même
lorsque ses forces étaient inférieures, en apparence désu-
nies par leur position, de les concentrer tout-à-coup et de
battre l'ennemi en le surmontant sur le point où lui-même
se sentait le plus fort. Cette fois, il avait rassemblé une
puissance supérieure sur le centre autrichien et le rompit,

tandis que Colli sur la droite, Beaulieu sur la gauche, n'entendirent rien du succès, que lorsqu'il était acquis par la victoire. Napoléon fut encore victorieux à Millésimo, à Mondovi. En quelques jours il aplanissait les montagnes, avait gagné trois batailles, forcé des villes, réduit à l'inaction les forces autrichiennes, presque anéanti l'armée du roi de Sardaigne, qui ne sauva sa capitale qu'en sollicitant la paix.

Mais cette paix ne peut ralentir la marche du vainqueur. Il arrive au passage d'une grande rivière, barrière qui forme aujourd'hui la défense la plus formidable que la nature sait placer devant les armées modernes. Ce passage s'exécute sur le Pô, par une ruse digne de la sagacité d'Annibal, sans sacrifier un seul homme. Ce succès doit, plus qu'une victoire, rehausser la gloire de Napoléon ; mais il avertissait Beaulieu de préparer ses efforts à Lodi.

Devant cette ville se trouvait un pont de bois qui n'avait pas été démoli, pour favoriser la marche attardée de l'arrière-garde autrichienne, mais trente pièces de canon vomissaient la mort sur les ennemis qui s'exposeraient à le franchir. Napoléon voulut le conserver et s'en servir. Avec toute la vigueur, la rapidité de sa pensée, vingt bouches à feu viennent également apporter leur rage, et l'on défend ce pont des deux côtés : les Autrichiens, pour en interdire le passage, les Français, pour empêcher de le démolir. Pendant cette lutte terrible, il aida lui-même à placer avec intelligence deux pièces de canon, et s'exposa sans ménagement à toute la fureur de la mitraille ; ensuite, il revint tranquillement rejoindre ses troupes et son projet d'attaque désespérée.

Ayant remarqué que l'infanterie autrichienne se tenait, par motif de sûreté, assez éloignée de son artillerie, il envoya de la cavalerie, plus loin, tenter un passage. Lorsqu'elle eût franchi l'Adda, et qu'il l'aperçut, il fit faire volte-face à une colonne serrée de 3000 grenadiers, qu'il tenait à cet effet disposée, et elle se trouva en marche sur le pont. Etonnée de cette manœuvre imprévue, elle avança cependant aux cris mille fois répétés de « *Vive la République!* » mais la mitraille la déchirait avec tant de rigueur, qu'il y eut quelque hésitation lorsqu'elle arriva sur le milieu de sa longueur. Alors la voix des généraux se précipitant vers la tête, fit taire toute crainte, cesser toute hésitation et l'entraîna. A l'extrémité de ce pont se trouvaient la victoire, 20 pièces de canon, 2000 morts et 1000 prisonniers. Comme Napoléon avait couru les dangers les plus réels et les plus incontestables, que rien peut-être dans toutes les guerres connues ne peut surpasser ce fait, qui, même dans le silence de la méditation, paraît encore téméraire, son armée ne le considéra plus comme un tacticien inimitable, mais comme un héros.

A cette nouvelle l'Europe fut étonnée, l'archiduc Ferdinand s'enfuit de Milan, qui ouvrit ses portes et se soumit au vainqueur. Parme, Modène s'inclinèrent devant des armes victorieuses, et ces villes furent alors trop heureuses de fournir des subsides, en invoquant leur neutralité. Cependant Napoléon, continuant ses conquêtes, se disposait à conduire d'un pas rapide son armée au Capitole, pour venger l'assassinat de l'envoyé Basseville, que la France avait à lui reprocher; mais le Directoire, craignant déjà secrètement l'attachement des troupes et l'influence future que cet homme réellement supérieur ne tarderait pas à exercer, voulut partager entre lui et Kellermann le commandement des soldats d'Italie et cette puissance sans contrôle qui paraissait rapidement s'élever. Napoléon devait conserver les vues de la France sur Rome, sur Naples et le commandement d'une armée de vingt mille hommes; un nombre de troupes égal, le nord de l'Italie, les Autrichiens à combattre et le siége de Mantoue, devaient offrir à Kellermann les moyens de se distinguer.

Outre le désir de la domination, le ressentiment de l'injustice et de l'injure, Napoléon sentit que diviser les forces de l'armée d'Italie était incontestablement les affaiblir;

que Beaulieu, cette fois, surprendrait Kellermann avec avantage, le battrait, le chasserait de la Lombardie, et que sa propre armée, s'avançant vers le sud, serait infailliblement coupée et détruite. Il refusa d'y consentir. Cette fermeté remarquable fit comprendre au Directoire que ce chef, qui se plaçait hors ligne, n'aurait pas, pour la volonté du pouvoir exécutif, la condescendance qu'avaient montré jusque là les autres généraux. C'était la première fois que, depuis la révolution de 1791, on résistait aux ordres de la République; le Directoire céda. Napoléon se servit admirablement de cette concession; il sût la tourner à son avantage pour continuer ses projets de gloire et de conquête; il en augmenta sa renommée et le vol de son génie ascendant. Mais, comme tout ce qui entoure l'homme ne peut se trouver également accompagné de succès, Pavie se souleva, et cette insurrection, qui aurait su prendre des dimensions effrayantes, fut étouffée. Napoléon s'en consola par la surprise de Beaulieu; passant le Mincio, s'emparant de Vérone et forçant cette fois les Autrichiens à se replier vers le Tyrol, ce qui réellement était les expulser d'Italie. Il leur restait cependant Mantoue et la citadelle de Milan; mais Naples même, qui aurait pû fournir jusque 60,000 combattants, retirait ses troupes, humiliait son front, sollicitait une alliance. Bientôt Ferrare, Bologne, Ancône sur le territoire de Rome, furent occupés par les Français; le grand-duc de Toscane, quoique notre allié, dût consentir à la cession de Livourne pendant que la citadelle de Milan se rendait.

Wurmser, à la tête d'un secours de 30,000 hommes pris sur l'armée du Rhin, succédait à Beaulieu. Cette faute de l'Autriche n'échappa pas à Carnot, qui soumit alors le projet de négliger toute considération éventuelle et de marcher sur Vienne. Napoléon, qui approuvait toute pensée de géant, solidement calculée, demandait aussi du renfort ou un mouvement en avant de cette armée du Rhin, afin qu'elle put coopérer à l'accomplissement de ce plan général avec la sienne. Il n'obtint cependant aucun secours, et le mouvement se fit avec une telle lenteur, quoique conduit par Moreau et Jourdan, à cause des savantes combinaisons et du courage personnel de l'archiduc Charles, que Wurmser, avant ce temps, arrivait en Italie. L'orage formidable qui s'était accumulé sur les montagnes du Tyrol allait enfin s'étendre et se précipiter. Wurmser avait deux fois plus de troupes que Napoléon; mais confiant dans le nombre, il éloigna trop sa droite et l'affaiblit, car le centre, où lui-même commandait, ne pouvait ni prévoir ses opérations, ni les connaître, ni les secourir. Napoléon s'en aperçut et résolut de l'attaquer séparément pour affaiblir ainsi toute l'armée; un grand sacrifice était demandé : celui de la levée du siége de Mantoue, acheté par tant de prévoyance et de travaux. Cependant, selon son habitude de faire toujours céder une considération secondaire devant l'intérêt principal, il n'hésita pas. Il se rendit ainsi supérieur à la droite de l'armée autrichienne, et cette détermination eut pour résultat d'amener les victoires de Lonata et de Castiglione, qui augmentèrent aussi la gloire d'Augereau, de Massena; enfin plus tard, lorsque Wurmser eut reçu encore de nouveaux renforts, le succès de Roveredo. Ces leçons n'empêchèrent pas ce général de vouloir jeter du secours dans Mantoue et de s'avancer vers le midi, tandis qu'il aurait dû se rapprocher dès lors du Frioul, à cause de ses forces affaiblies et de ses communications avec Vienne, presque totalement interrompues.

En six jours Wurmser avait perdu 20,000 hommes et presque tout son matériel de campagne : battu, poursuivi sans relâche, ne pouvant plus se confier à la retraite, il saisit la résolution désespérée de se jeter dans Mantoue et d'y enterrer avec lui, sous des débris et des ruines, les derniers rayons de la splendeur de l'Autriche en Italie.

Cependant l'Empire fait de toutes parts de nouveaux efforts, de nouvelles troupes arrivent sous la conduite du maréchal d'Alvinzi : pour la quatrième fois, il faut disputer avec acharnement un terrain déjà conquis, ce qui

devait finir par user ou anéantir jusqu'à l'intrépidité de la
valeur, sans ces mémorables et difficiles journées d'Arcole, et surtout ce drapeau glorieux qui, précipité sur le
pont au milieu de la foudre et des éclats, se relève de la
poussière et du danger, avec l'admiration des soldats et
le courage. Ces soldats électrisés pouvaient dès lors affronter une cinquième armée autrichienne et devaient vaincre
à Rivoli, par les combinaisons de leur chef; malgré
que celui-ci courut personnellement des hasards et que
son cheval fut plusieurs fois blessé sous lui. Dix jours
après son entrée en campagne, l'armée entière de Provera
se rendait; enfin, ce qui doit paraître fabuleux, l'imprenable Mantoue ouvrait ses portes, mais à des conditions
tellement honorables qu'elles conservent la gloire de
Wurmser et qu'elles augmentent celle de Napoléon.

Les armes se tournèrent alors vers les États-Romains,
et constamment victorieuses, imposèrent au Souverain Pontife la paix de Tolentino. Un ennemi plus redouté
se montrait : l'archiduc Charles suivait la réputation qu'il
s'était acquise sur le Rhin, et prenait le commandement
en Italie. Involontairement on se penchait vers ces deux
rivaux pour suivre la lutte qui allait s'engager ; l'Europe
entière se montrait attentive. L'archiduc s'était établi dans
le Frioul, à la tête de la sixième armée autrichienne, non
de son propre choix, mais pour remplir l'intention qu'avait le Conseil aulique, d'empêcher au moins le torrent
de se précipiter vers la Germanie. Ce Conseil agissait
ainsi parce qu'il redoutait jusqu'au contact des troupes
et du sol, qui n'avaient jamais envisagé Napoléon sans le
trouver constamment favorisé de la fortune et vainqueur.
Il en sera toujours ainsi du mari de Joséphine : on eut
dit que cette existence douce et généreuse, prévenait
toute infortune ou la protégeait.

Les Autrichiens avaient des troupes d'observation, sous
le commandement de Lusignan, sur les bords de la Piave,
mais leur armée se concentrait sur le Tagliamento, autre
rivière latérale qui offre des plaines étendues où la cava-

lerie, sur laquelle on s'appuyait pour le succès, pouvait se développer et agir. Napoléon chargea Masséna de balayer Lusignan, et réussit ; mais l'archiduc Charles, après avoir pris toutes ses précautions, disposé son artillerie, ses tirailleurs, étendu sa cavalerie sur deux lignes, restait immuable de l'autre côté de la rivière, et certain de l'avantage de sa position, guettait le passage ; il attendait. Napoléon se présenta sur les bords ; mais comme s'il eût été surpris de difficultés imprévues, après quelques tentatives, il recula, ne s'occupant en apparence que du bivouac. Sitôt que la nuit fut close, l'armée française prit les armes, et, formée sans bruit sur deux lignes, marche si rapidement vers la rivière, que les Autrichiens ne purent reprendre la disposition avantageuse qu'ils avaient auparavant. Arrivée sur la rive, la première ligne se convertit en colonnes qui, protégées de chaque côté par la cavalerie, parviennent à l'autre bord. L'archiduc les fit charger plusieurs fois à leur descente, mais il était trop tard. Il ne perdit cependant pas courage et voulut aussitôt les prendre en flanc, mais il fut encore ici prévenu par la marche de la seconde ligne de l'armée française. Forcé de recourir à la retraite, il laissa des prisonniers et du canon. Un nouvel échec l'attendait, car Masséna s'était emparé des passages des Alpes Juliennes, et se plaçait entre l'aile droite et ses communications avec Vienne. Comprenant alors toute l'importance qu'il pouvait avoir à garder cette position, il résolut de l'en chasser à tout prix ; chargeant Masséna avec la plus grande intrépidité, donnant à la fois les ordres d'un général prudent et combattant comme un soldat, s'exposant plusieurs fois à demeurer prisonnier ; mais tout fut inutile, tout fut en vain. Cinq mille prisonniers, Trieste, Fiume, Clagenfurth tombèrent au pouvoir des Français. Venise s'étant ensuite soulevée après avoir égorgé des soldats, la plupart blessés et restés dans les hôpitaux de Vérone, tandis que des préliminaires de paix avec l'Autriche existaient à son insçu ; cette première ville fut sévèrement châtiée.

2

Ces préliminaires de paix furent ouverts à Léoben, ensuite confirmés par le traité de Campo-Formio, où l'Autriche abandonna la Belgique et telles frontières que la France voudrait choisir sur le Rhin : enfin, elle consentit à l'érection d'une grande République italienne.

Rien, dans les annales de la guerre, ne se montre plus étonnant ni plus rapide. La seule jeunesse d'Alexandre doit être comparée à la jeunesse de Napoléon : celui-ci fait même plus pour l'avenir, car il vient de jeter l'épée gauloise de Brennus, *væ victis !* dans la balance de la politique universelle. Malheureusement, quelques reproches adressés à Moreau, le moderne Pompée, et que le Directoire seul méritait, commencèrent à séparer deux grands hommes. Gênes voulut aussi, comme Venise, fouler sous l'indignation et ses pieds, les fers, les tourments, les cachots plaintifs d'une double inquisition, qui, ne se contentant pas d'humilier l'intelligence ou de l'anéantir, soumettait encore l'homme aux tyranniques et sombres fureurs, comme aux suspicions de l'oligarchie : Gênes, donc, se tournait aussi vers celui qui semblait indiquer, avec un jour serein, un libérateur à la patrie. Alors devait s'élever également et grandir la République cisalpine ; la protection marchant sur le pays des Grisons, s'occuperait de la Valteline : voilà les adieux que Napoléon laissait, avec tout un fardeau de gloire à porter, à cette héroïque, rapide, inimitable armée d'Italie.

Le congrès de Rastadt l'appelait pour assurer nos frontières sur le Rhin et concilier les intérêts de la France et ceux de la Germanie. Il traversa la Suisse, pour se rendre comme ministre plénipotentiaire à ce poste nouveau pour lui ; mais pendant le voyage, il parut inquiet, agité. Outre le regret de quitter son armée, il avait devant ses regards l'incertitude de l'avenir et de ses destinées ; peut-être aussi son âme, désormais habituée au commandement, éprise du pouvoir, s'étendait-elle au loin sur tout un océan d'élévation et de grandeur.

Le Directoire, quoiqu'il eût rendu des services signalés, portait dans son sein des éléments de désunion et de colère. Barthélemy désirait le retour des Bourbons ; Carnot, homme très instruit, rigoureux mais intègre, défendait loyalement contre Barras, qui l'attaquait avec fureur, l'utilité du traité de Léoben. Cette mésintelligence aigrissait les esprits, et déplaisait à la nation, qui supposait alors que Pichegru s'était laissé battre volontairement par Clairfayt. Après les élections de mai 1797, où l'intrigue avait calculé sur le trouble, ce général fut nommé président du Conseil des Cinq-Cents, tandis que Barbé-Marbois était choisi pour présider celui des anciens. L'inquiétude, l'animosité croissante, une agitation sourde et cachée, semblaient devancer le retour formidable des exécutions sanglantes, de la violence et de la terreur.

L'avenir se trouvait de toutes parts enveloppé de tristes ou de menaçants nuages. Plusieurs membres du Directoire portaient involontairement leurs regards, pour obtenir un prompt secours, sur Hoche et sur Bonaparte. Celui-ci venait de faire jurer à ses soldats l'inviolabilité du sol de la France et leur fidélité à la Constitution de l'an III ; mais ne jugeant pas sa présence nécessaire, il chargea Augereau de seconder ou de prévenir le général Hoche et de faire les arrestations. Le Directoire n'ordonna aucune exécution à la suite de cette journée du 18 fructidor, mais deux cents représentants ou particuliers furent saisis, emprisonnés et déportés à la Guyane. Napoléon blâma et sut adoucir depuis cet acte de sévérité ; il servit indirectement mais n'approuvait pas le Directoire.

Tous les canons du continent étant réduits au silence, on ordonna la formation d'une armée, dite d'Angleterre, et Napoléon, avant de la commander, revint à Paris, où, pendant tout l'hiver, il fut l'objet du respect, des honneurs, de l'enthousiasme et de l'admiration. Le 19 mai 1798, cet armement, que l'on supposait dirigé contre l'ancienne et belliqueuse Albion, sortit avec un magni-

fique soleil levant, avec une lente majesté, du port de
Toulon et se dirigea vers l'Egypte. Elle s'empara de Malte,
ensuite découvrit et se saisit d'Alexandrie; mais les
sables et le soleil brûlants, la profonde et vaste nudité du
désert, les Arabes, les Mamelucks, la soif, la désolation,
la lassitude l'accompagnaient, décourageant à la fois les
officiers, les généraux, l'armée. Tous, en voyant ces éternelles, terribles et profondes solitudes, sans eau, sans
secours, sans voix, sans abri, sont épouvantés ou demeu-
rent indécis. Napoléon seul ne l'est pas; il continue à
marcher tantôt à cheval, tantôt à pied, pour encourager
ses troupes. Enfin, après quatorze jours de fatigue insou-
tenable et de privations, elles arrivent à six lieues du
Caire (el Kagèrah, la ville de la victoire), où se trouve un
camp rapidement retranché; alors elles s'arrêtent, mais
en face des ennemis. Si les soldats français ont la première infanterie, ils vont avoir à combattre la première
cavalerie du monde. En face des tombeaux des Chéops et
des Chéphren qui s'obstinent à demeurer éternels, pour
tout encouragement, pour toute allocution, leur chef ne
leur dit que ces mots, sublimes d'expression et d'énergie :
«Soldats, du haut de ces pyramides, quarante siècles vous
contemplent !...» Ils furent vainqueurs ; mais jamais bataille ne fut ni plus furieuse, ni plus acharnée.

Bientôt Napoléon eut à combattre non seulement les
Mamelucks et le climat, mais les Anglais et Nelson, qui
gagnèrent la terrible bataille navale d'Aboukir, où la mer,
en quelques heures, devait se rouler sur les corps de nos
marins, et sur celui de l'amiral Brueys, pour les enseve-
lir. La Porte faisait aussi des préparatifs, mais notre
héros avait résolu de plonger ses regards sur le commerce
de l'Inde, par l'isthme de Suez. A son retour, ayant
appris que deux divisions turques devaient l'attaquer, il
voulut, comme il en avait l'habitude, les prévenir pour
les séparer, et se saisir des positions favorables. Il se jette
donc sur la Syrie, entre en Palestine; s'empare de Gaza,
ancienne ville des Philistins, où se trouvaient des vivres;

mais il éprouvé de grandes difficultés pour pénétrer dans Jaffa, dont le sac fut horrible. Soit état de l'air, soit infection, ce qui n'est nullement invraisemblable, la peste, après la guerre le plus grand des fléaux, fondit sur son armée. Napoléon, plus que jamais, se montra digne de commander ; car loin de fuir la maladie et d'abattre ainsi, le courage des pestiférés, il les aborde, touche leurs plaies, ce que l'on estimait mortel ; leur adresse des paroles d'encouragement, des louanges, revient plusieurs fois dans les hopitaux et ne recule pas davantage, devant l'épidémie, qu'il ne faisait dans les champs de bataille, devant le massacre et le danger. Il fait plus : inébranlable dans ses résolutions, il s'avance vers Saint-Jean-d'Acre, où l'attendait déjà le secours offert par un Anglais aux Turcs, c'est-à-dire Sydney-Smith. Napoléon triomphe à l'action du Mont Thabor, de la garnison, des Anglais et des indigènes ; jamais son obstination et son courage ne furent mis à une plus rude épreuve ; jamais il ne mérita, ainsi que Kléber, plus de louange et de lauriers. Malgré l'arrivée d'une quatrième force, d'une armée turque, six assauts furent résolument donnés : un septième et dernier effort fut tenté ; mais devant le surnaturel et l'impossible, la valeur fut contrainte de se retirer. De retour au Caire, on acheva la déroute des Mamelucks qui durent se précipiter dans le désert; on prit Cosséir sur la mer rouge : mais 18,000 Turcs ayant débarqué sur cette même côte de la fatale Aboukir, Napoléon les vainquit, les détruisit complètement avant de quitter l'Egypte. Les intérêts de la France, non seulement extérieurement, mais intérieurement menacée, le rappelaient en Europe; le 9 octobre 1799, il arrivait à Fréjus.

Le même jour il se mit en route pour Paris et son voyage ne fut plus qu'un long triomphe : partout on exaltait avec des cris qu'il était le sauveur, le libérateur de la France. Cet enthousiasme unanime, universel, précéda la journée du 18 brumaire et devait naturellement l'amener. Mais posons la plume et laissons prononcer au Direc-

toire, comme aux Chambres législatives, leur arrêt: «Qu'a-
» vez-vous fait de cette France que je vous avais laissé si
» florissante? Je vous ai laissé la paix, j'ai retrouvé la
» guerre; je vous ai laissé des victoires, j'ai retrouvé des
» revers; je vous ai laissé des millions et j'ai retrouvé
» partout des lois spoliatrices et la misère. » Alors au
gouvernement Directorial succéda le gouvernement Consulaire composé de Sieyes, de Roger-Ducos et de Napoléon ; mais comme celui-ci était sans émule, il fut bientôt
sans rival. Ses vues, son ame, ses bienfaits s'étendaient
sur la France; tout semblait renaître à l'espérance ou se
régénérer. Les commandements, l'administration, les lois,
les arts, le commerce, l'instruction, le progrès, furent
confiés à des hommes capables. Les lois de proscription
furent rapportées ou du moins adoucies ; plus de 40,000
individus retrouvèrent leur famille et leurs foyers. Bientôt
on entreprit un immense travail dont l'influence devait
s'étendre même aux autres peuples, comme aux siècles
futurs : inépuisable bienfait! Un homme juste, actif et
généreux *, un sage qui n'existait plus en avait décou-
vert la source, mais sans le génie de Napoléon, elle se
serait de nouveau perdue ou même anéantie. Il chargea
Merlin, Tronchet, Treilhart, Cambacérès, etc., d'en
constater l'état et d'en diriger ensuite le cours et le succès. De toutes parts on vit se relever la tranquillité, la
justice, la confiance, le bien-être. Après s'être trouvé
conquérant et diplomate, il se montrait législateur.

Jamais la vie de Napoléon ne fut plus heureuse qu'après
la prise de Milan et ses premières conquêtes d'Italie;
jamais il ne se trouva plus vénéré, plus extraordinaire,
plus réellement supérieur, qu'à l'instant que nous décri-
vons : il pourra désormais encore acquérir de la puissance, du prestige, de la domination, de la gloire; parler
en maître suprême aux nations ébranlées; courber l'Europe frémissante dans la poussière ou l'enchaîner à son

---

* Pothier.

char; mais avoir soumis, sans répandre alors une seule
goutte de sang, l'animosité, les partis, la terreur, la dis-
corde; avoir rétabli, sur des bases fermes et solides, la
sécurité, la confiance, les intérêts et l'avenir de l'Etat;
avoir replacé, sans partialité comme sans faiblesse, l'égalité civile dans la balance où se plaçait le sort de 40,000,000
d'individus qu'une seule secousse politique pouvait ramener dans l'abîme de la trahison, de la fureur et de la bar-
barie; il y a là, certes, de quoi s'étonner et l'applaudir.
Georges Washington, dans cet instant, descendait,
couvert de rayons immortels, dans la tombe; Napoléon
le remplaçait sur la terre, et, sans contestation, le premier
des humains demeurait sans rivaux, sans égal.

Arrivé au faîte de la gloire et de tous les honneurs, il
ne lui manquait que de pacifier le monde : en dépit de
tout ce que peut dire la haine et la calomnie inventer, il
l'essaya. Nous avons sa lettre*, qu'il écrivit dès le commen-
cement de son pouvoir, au roi d'Angleterre, la réponse
inacceptable qu'il reçut et les votes des deux Chambres,
qui approuvèrent le rejet des propositions de la France;
enfin la certitude que, dans cette même discussion,
12,500,000 francs furent destinés : «*to enable the allies
to bring the greatest possible number of troops into the
field :* à subventionner les alliés et les aider à entretenir
le plus grand nombre de troupes;» notamment l'armée du
prince de Condé, que ces Chambres désignaient. Est-ce
clair? Napoléon était-il cette fois l'agresseur? Voulait-il
bouleverser l'Europe; tout renverser? Qui soulevait alors
l'Autriche, le Wirtemberg, la Bavière? Il fallait donc for-
cément reprendre et continuer la guerre; repousser également la Russie, ou perdre tous les droits d'une égalité
civile conquise, en supportant l'étranger... L'Angleterre
voulut supposer que ces ouvertures n'étaient pas sincères;
mais qui sait si Napoléon, craint, béni, victorieux, ne se
serait pas contenté de la paix et de sa gloire? Ne possé-

* Je n'ai consulté, pour mon travail, aucun ouvrage français.

dait-il pas, comme tous les grands hommes, la majesté chevaleresque du caractère : témoins les conditions de la reddition de Mantoue, les quatre millions de Modène et les sept millions de Venise offerts à ce chef et noblement refusés? Sans la parole si énergique, si puissante, si éloquente de Pitt, le monde entier eut pû se reposer. On n'attendit pas l'effet de ses propositions ; on le contraignit de se défendre et de tirer l'épée ; de nouvelles victoires vont le suivre. L'ennemi devait surprendre Gênes, traverser le Var et pénétrer, avec le secours de la trahison, en Provence ; lui, gravir les Alpes dans l'endroit le plus sauvage et périlleux ; descendre en Italie derrière l'armée autrichienne ; saisir ses communications, ses magasins, ses approvisionnements, ses ressources ; enfin, placer cette armée entre la sienne et celle de Masséna qu'elle avait alors en tête, et la forcer de combattre dans cette position où la défaire était la détruire.

Les destins de la France étaient devenus ceux de Napoléon. Le 16 mai, il se rend à l'illusoire camp de Dijon, arrive à Genève, chez Necker ; envoie Marescot, nouveau Galba d'un nouveau César, visiter le couvent des Chartreux, la plus haute habitation de l'ancien continent, et placé à 2450 mètres au-dessus de l'Océan, au sein des nues. A son retour, apprenant que la montagne peut devenir praticable, il ne dit que ce mot : Marchons! Carnot lui annonce à Lausanne que 15,000 hommes, détachés de l'armée du Rhin, gravissent, à côté de Berthier, le Saint-Gothard, tandis que Turreau ascend le mont Cenis, et Chabran le petit Saint-Bernard. Napoléon se lève avec 30,000 hommes, formant le gros de son armée, il arrive à Saint-Pierre, village placé dans les Alpes où toute route même s'effaçait. Ici, rival du Mont-Blanc, le Saint-Bernard se dresse sauvage et majestueux, menaçant et terrible, avec les souvenirs d'Annibal, de César, de François 1er, de Polybe, en face du héros et de l'armée. Les souvenirs, les glaciers, les ravins, l'étonnement, la désolation, les dangers l'entourent. Nos soldats avancent sur d'effroyables sentiers qui ne connaissent que les chasseurs les plus déterminés et le chamois, suspendus, s'il est permis de s'exprimer ainsi, au milieu de l'agonie de toute végétation et des précipices. L'infanterie porte ses munitions, ses provisions, son mousquet ; les cavaliers, à pied, s'ouvrant un passage dans la neige, conduisent leurs chevaux à distance, échelonnés, par la bride. L'artillerie traîne péniblement, avec précaution et lenteur, ses canons placés dans des arbres creusés à cet effet : les chariots, les caissons sont démontés, traversés par des perches ou placés sur des civières ; on transporte à la main les différentes armes, les cartouches, les obus, les boulets. Chaque pas est un péril ; chaque chute, une mort affreuse et presque toujours certaine ; cependant on avançait. Les tambours, de temps à autre, annonçaient non seulement la marche, mais l'approche de nouvelles difficultés ; dès qu'elles sont surmontées, la musique se fait entendre et ranime le courage. Des Français seuls pouvaient supporter, sans se rebuter, autant de fatigues ; Napoléon, qui marche avec eux, les rendit possibles. La seule vue des gorges de la Vallette et des précipices épouvantables auraient dû cependant les rebuter. Mais la gloire, l'espérance de battre l'armée de Mélas, l'hospice où l'on trouverait des secours, le mont Velan, surmonté de neiges éternelles, et les regards de la postérité, attendaient. Tout fut détourné, surmonté, franchi ; la descente, surtout pour la cavalerie, ne fut ni moins terrible ni moins dangereuse.

Après avoir attaqué les montagnes, qui paraissaient servir de barrière contre l'audace et l'invasion, les hommes et leurs ouvrages pouvaient-ils arrêter ce chef audacieux et des soldats intrépides ? Aoste est prise ; Bord, évité pendant la nuit et le silence ; Pavie offre ses murailles et 200 pièces de canon ; le Pô s'abaisse ; Montebello remet 5,000 prisonniers ; enfin, la fameuse et décisive bataille de Marengo, où Mélas, octogénaire, s'obstine avec tant de prudence et de valeur, tandis que Desaix

arrive, combat et succombe, fixe invariablement le sort
de l'Autriche au-delà des Alpes, et soumet une seconde
fois toutes nos premières conquêtes, hormis la seule et
formidable Mantoue. De son côté, Moreau, par de nombreuses et de successives victoires, force en Allemagne
le général Kray à imiter la conduite de Mélas et de solliciter une suspension d'armes. Napoléon en profite et rétablit, au milieu des ovations et de l'enthousiasme, la
République Cisalpine, qu'il déclare cette fois libre, indé-
pendante : couvert de gloire, d'admiration et de lauriers, il revient à Paris jouir de la reconnaissance et du
triomphe.

Le vaincu ne demanda pas, mais, ce qui est plus étonnant, généreux, le vainqueur offrit la paix. L'Autriche
l'aurait présumablement acceptée ; mais subventionnée
par l'Angleterre, elle resta fidèle à son alliée et réclama
que cette nation fut admise dans le traité. La Grande-
Bretagne s'y refuse : alors on reprend les hostilités, et
Moreau, l'ancien vainqueur d'Hoghstet, vainquit encore à
Hohenlinden.

Le premier jour de la première année du 19e siècle,
ouvrit les annales des peuples par un bienfait, la plus belle
page de l'histoire de Napoléon, le congrès de Lunéville.
La France obtint alors la cession des terres germaniques
sur la rive gauche du Rhin, depuis sa sortie de la Suisse
jusqu'à son arrivée en Hollande : c'était réaliser la grande
pensée de la République et de Charlemagne.

Ce consolant succès obtenu, l'élan ne paraissait plus
devoir s'arrêter ; il fut suivi par l'Espagne, puis vint le
Concordat. La paix fut consentie avec le Portugal, la
Bavière, la Porte-Ottomane, la Russie; enfin, le 9 novembre 1801, après un an de Consulat, on put célébrer la
pacification générale, avec de publiques réjouissances.

1er janvier 1801.

Tunc primùm clausa fuit porta Jani, sed statim ac sine morâ patuit.

A peine les préliminaires du traité d'Amiens eurent-ils rétabli la paix européenne, que les vues du gouvernement se tournèrent vers la colonie de Saint-Domingue, où l'émancipation des noirs, devenant le signal des cruautés et de l'incendie, souilla, comme sur le continent, la sécurité de l'homme social et jusqu'au saint nom de la liberté. Le général Leclerc, beau-frère du premier Consul, fut chargé de cette expédition composée de 25,000 hommes et de 34 bâtiments, rassemblés dans les ports de Rochefort, de Brest et de Lorient.

Une cour brillante s'établit rapidement autour de celui qui traitait d'égal, ou de supérieur, avec les différents Souverains de l'Europe. On institua la Légion d'honneur, et la Garde consulaire fut portée à 6000 hommes. Cependant la sécurité, la gloire de la France, ne suffisaient pas à l'activité de cet esprit infatigable, qui voulait tout comprendre et tout dominer. Il était fait pour remuer le monde. Non seulement la guerre, la religion, l'administration, les arts, l'instruction, les lois ne cessaient de l'occuper, mais il pénétrait dans les ateliers de l'Industrie, portait à la fois ses regards sur le Commerce et l'avenir. Avec la gloire des Scipions, il conservait l'inquiétude de Thémistocle; *magnus in bello, nec minor in pace.* La mort de Paul 1er avait bien pu détruire, ou plutôt retarder dans son esprit un projet gigantesque, mais les mille vaisseaux de l'Angleterre, les richesses de l'Indus et de l'Hindoustan, l'empêchaient de dormir. De son côté, la fière Albion craignait un pouvoir qui s'élevait sans rival sur le continent, à quelques lieues de ses rivages; elle aussi se trouvait toute puissante et commandait sur les mers; mais elle avait vu des tentatives de soulèvements démagogiques venir échouer jusqu'au centre de sa domination et de la Tamise; elle se souvenait de la descente tentée en Irlande, apercevait, en se penchant sur le fort César, les feux allumés du camp de Boulogne; elle voulut en prévenir, en détourner au moins le danger et les effets; elle était ici poussée par le courant national et le vent de la conservation personnelle : *stating the object of the war in a single word... security!* Pour conserver en paix ces deux géants sur la terre, l'espace qui sépare Douvres et Calais se trouvait trop étroit; ayant moins de forces corporelles, elle achetait les nations et des soldats.

Cette rivalité des intérêts matériels environnée du désir de la domination et de la gloire, ne devait pas tarder à se montrer, et l'occupation du Hanovre, des villes anséatiques, de Tarente dans le royaume de Naples, dont l'île de Malte servait de prétexte, annonçait une lutte cruelle et formidable, ou l'une des deux nations devait finalement succomber. Boulogne fut choisi comme pivot central des armements maritimes de la France ; depuis Flessingue jusques Brest, la côte se hérissait de canons. Plusieurs corps d'armée sous Ney, Soult, Davoust, Victor, se trouvaient rapprochés et pouvaient rapidement faire agir leur renommée et leurs forces. En Angleterre, la nation entière se levait : 570 vaisseaux furent équipés ainsi que 300,000 hommes ; l'Océan gémissait sous les mats ; le sol s'ébranlait sous la marche des troupes ; hormis le bruit des armes, du canon et des évolutions militaires, la terre se taisait.

Avant ce temps, la Guadeloupe se rendait; l'île d'Elbe et la Toscane se réunissaient à la France. Un grand événement planait sur les peuples : la couronne de Dagobert et de Charlemagne se replaçait sur la tête de Napoléon. Il était non-seulement roi, mais empereur des Français; il héritait de treize siècles. Bientôt la république Cisalpine vint mettre à ses pieds le prix de ses conquêtes, le royaume d'Italie et la couronne de fer.

L'Autriche, la Russie ne virent pas sans crainte et sans un long regard d'envie, cette puissance qui s'élevait si rapidement et s'affermissait de toutes parts ; leur mécontentement s'accrut lorsqu'elles s'aperçurent que la superbe Gênes venait d'être incorporée à l'empire. Cependant Napoléon offrit une seconde fois à l'Angleterre, le choix de la paix ; mais elle répondit : qu'elle ne pouvait traiter sans le consentement des alliés et notamment de la Russie. C'était avouer qu'une grande coalition continentale existait.

La Prusse se tenait sur la réserve depuis la leçon qu'elle avait reçue en 1792, mais l'Autriche fut plus irritable : ses pertes et ses nombreuses défaites la révoltaient.

Confiante dans sa nouvelle alliée et dans la mémoire de Suwarow, elle remit 80,000 hommes au prince Charles, en lui indiquant l'Italie d'un regard oblique et de regret : 80,000 autres soldats furent donnés au général Mack, pour agir sous le commandement en chef de l'archiduc Ferdinand ; enfin, l'archiduc Jean reçut le Tyrol. L'Autriche ordonna aux troupes destinées à l'Allemagne, de marcher sans retard sur la Bavière, ce qui était une faute, car elle aurait dû attendre son alliée ; elle en commit une seconde, en se servant de la violence et de la rigueur, pour empêcher ce dernier pays de garder sa neutralité.

Napoléon avait des troupes prêtes et les transporta rapidement du camp de Boulogne en Allemagne : Mack, au lieu d'attendre l'ennemi derrière un passage difficile, tel qu'une grande rivière, ne le fit pas. Il crut que l'on se dirigerait une troisième fois vers la forêt noire : le génie de Napoléon, si rapide et si rempli de grandes ressources, lui échappait.

Les mauvais traitements faits à la Bavière par l'Autriche, engagèrent l'électeur de Wirtemberg et le Grand-Duc de Baden à se jeter dans les bras de la France. L'armée franchit cette fois le Rhin, en six endroits différents, sous les commandements de Ney, Soult, Davoust, Vandamme, Marmont et Murat. Ce dernier seul, reçut l'ordre de feindre de pénétrer dans la forêt noire ; les autres généraux agirent plus au nord. Le but de Napoléon n'était pas de livrer une grande et décisive bataille, une nouvelle Marengo, mais une foule d'actions séparées ; de tourner le général autrichien par le flanc ; de le séparer de l'Autriche, de ses communications, de ses ressources, et de le réduire, alors seulement, à l'inévitable nécessité de combattre. Il fallut, pour atteindre ce but, traverser les territoires d'Anspach et de Bareuth ; on le fit, et la Prusse en fut offensée. Pendant ce temps, Mack avait éprouvé une suite de défaites partielles ; il se trouvait enfin coupé, près d'Ulm, comme Wurmser l'avait été à Mantoue. Dans cette circonstance, Schwartzemberg se sauva glorieusement en Bohême avec 6,000 hommes ; ce fut son premier exploit.

La guerre, remontant maintenant vers l'est, détruisit la dernière barrière qu'on lui opposait. Napoléon conduisait la tête du centre de son armée. Ney, sur la droite, veillait sur les passages du Tyrol ; Murat, sur la gauche, observait l'archiduc Ferdinand, qui ayant courageusement refusé de capituler à Ulm, s'était aussi retiré en Bohême. Cependant Augereau arrivait avec des troupes de réserve ; il devait protéger les derrières de l'armée, regarder à la fois le Vorarlberg et les Prussiens, dont un effort décidé, fait à propos, pouvait tout compromettre. Napoléon, couvert sur ses flancs, ne craignit plus d'avancer sur Vienne, dont il s'empara ainsi que de Schœnbrunn. Restait l'armée intacte d'Alexandre, autour de laquelle venaient se réunir et se grouper les forces abattues mais non détruites de l'Autriche. C'est ce qui donna lieu à la fameuse bataille d'Austerlitz ; où, malgré la valeur du grand-duc Constantin et les efforts des deux empereurs réunis, beaucoup de troupes cherchèrent à fuir sur un lac en partie gelé, qui plia sous eux, foudroyé par l'artillerie, et les engloutit.

Bientôt, l'empereur d'Autriche dût se rendre au camp de Napoléon, qui lui promit la paix ainsi qu'à l'empereur Alexandre, pourvu que celui-ci consentît à se retirer en Russie, ce qui fut exécuté. Le traité de Presbourg se joignit à ceux de Campo-Formio et de Lunéville ; il exi-

gea en outre la cession du Tyrol et du Vorarlberg à la
Bavière : Venise fut annexé au royaume d'Italie. Le
Wirtemberg et la Bavière fut érigés en royaumes, à cause
de leur fidélité. L'Autriche perdit par ce traité 20,000
milles carrés de terrain et 2,500,000 habitants. Le roi de
Suède et la Prusse avaient encouru le mécontentement
de Napoléon ; il en fut de même du royaume de Naples,
qui recevait 12,000 russes, venant de Corfou, et 8,000
anglais sortis de Malte : Joseph Napoléon, qui depuis en
fut roi, et que peut-être à cette heure Naples regrette, fut
chargé de l'attaquer. Alors eut aussi lieu la bataille navale
de Trafalgar, où le fameux Nelson fut tué. Louis Bonaparte, qui avait épousé la fille de l'impératrice Joséphine,
fut choisi par les états-généraux pour être roi de Hollande ; lorsqu'il quitta depuis ce pays, il y laissa par son
humanité, sa modération, sa bienfaisance, des regrets
unanimes et justement mérités. Pitt, le moderne Démos-
thènes, mourut alors, et Fox lui succéda ; ce dernier ressemblait plutôt à Eschine, quoique dans ses discours il
offrit plusieurs fois, toute la rude vigueur de Mirabeau.

La cession du Hanovre conquise par la France et donnée à la Prusse, en échange des principautés d'Anspach,
de Bareuth et de Neufchâtel, n'empêcha pas la méfiance
de régner entre les deux peuples et la guerre enfin d'é-
clater. Il était ouvertement reconnu que la Prusse préparait ses armes ; la France pénétra sur son territoire : la
première action fut à Saalfeld, où le prince Louis de
Prusse, combattant avec toute la fougue de l'inexpérience
et du courage, tomba mortellement blessé ; bientôt eut
lieu la double bataille d'Iéna, où la Prusse perdit 20,000
hommes, 300 pièces de canon et plusieurs généraux.
Erfurt fut prise ou se rendit ; en quelques jours, on s'empara de 40,000 prisonniers. Ici paraît Blucher, qui voulant sauver des débris, se précipite dans Lubeck, ville
qui devient alors un champ de bataille. On prit Spandau,
Stettin, Custrin, Hamelen, Magdebourg. Le roi s'enfuit
vers la partie orientale de son royaume. Jamais puissance

ne tomba si rapidement ni si totalement ; on eût dit qu'elle était dévorée par la foudre ; un mot de plus et le vainqueur l'eut effacée, ainsi que le duc de Brunswick, de la vie et du continent. Napoléon, après s'être montré à Vienne et à Schœnbrunn, se trouvait à Berlin et à Posdam ; c'était de ce palais qu'il allait dicter ses volontés à Frédéric-Guillaume. Sous l'influence de la Russie elles ne furent pas acceptées.

L'armée française était attendue avec impatience par cette malheureuse Pologne, où le paysan était encore serf, et qui après avoir été longtemps disputée par les factions et la jalousie, était maintenant déchirée et mise en lambeaux par trois maîtres puissants. La Russie avançait, non-seulement au secours de la Prusse, son alliée, mais pour défendre, ce qu'elle appelait son territoire et ses droits. Il eût été également utile et généreux, de proclamer l'indépendance de la Pologne, mais l'Autriche en possédait la plus grande partie, et quoiqu'elle fut alors peu redoutable, on avait trop d'ennemis à combattre pour exciter l'effort suprême que pourrait tenter la colère ou son désespoir : Benningsen avançait, occupait Varsovie ; bientôt il dut repasser la Vistule et se retirer devant l'armée de Murat. Napoléon se rendit à Posen, où son regard dominait, planait sur la Pologne ; il ordonna de fortifier Varsovie, et luttant contre l'intempérie et les rigueurs de l'hiver, traversait le Bog et la Vistule ; de rapides succès le suivaient. Les Russes avaient cependant un immense avantage, car ils étaient habitués à la sévérité du climat, et les Français, pour la première fois, allaient le combattre ; ils rencontraient aussi ces cosaques, troupes irrégulières, attaquant sans ordre et sur tous les points, aux chevaux infatigables, qu'il est si difficile de surprendre et plus encore d'entourer : ne vivant que du hasard et de pillage, ne pouvant se faire suivre, ils tuaient leurs prisonniers ; mais l'empereur Alexandre, afin de ne pas augmenter les cruelles douleurs de la guerre, leur fit donner un ducat, pour chaque ennemi qui tombait en leurs mains et qu'ils ne privaient pas de la vie. L'histoire, selon moi, ne possède rien au-dessus de cet acte de courageuse humanité. C'est avec l'or de ces ducats, que ce fait devrait être profondément incrusté sur sa tombe ; mais peut-être est-il de ses sujets oublié ? Bientôt eut lieu l'affaire de Pultusk, celle de Landsberg, enfin la terrible et sanglante bataille d'Eylau, que la neige ne put faire cesser, et qui se prolongea pendant six heures dans les ténèbres.

La retraite des Russes se fit sur Koningsberg, et l'on entreprit le siége de Dantzick, défendue avec vigueur par Kalkreut, mais qui se rendit au général Lefèvre. Le 14 juin, eut lieu cette terrible et savante bataille de Friedland où l'ennemi, plein d'enthousiasme et d'une confiance usurpée, passa le pont sur l'Alle, pour lui trois fois fatal, et vint chercher imprudemment sa défaite et le lion qui, développant alors par degrés sa haute stature, sa puissance et sa colère, mais ne voulant laisser aucun espoir à la retraite, s'excita longtemps avec une sourde fureur, et se battait les flancs avant de se précipiter sur sa victime et de la terrasser.

Après un tel échec, il ne restait qu'un armistice ; il fut ratifié sur le Niémen entre Alexandre et Napoléon ; les deux tiers de l'Europe leur appartenaient. Puis vint la glorieuse et consolante journée de Tilsit, où l'empereur des Français déclara, que pour satisfaire aux instances de l'empereur de Russie, il remettait le roi de Prusse en possession de son royaume. Ainsi Napoléon, d'un seul mot, disposait du sort de 12,000,000 d'habitants. *Jam Alexander consequutus erat, et pertinaciâ Pori cognitâ, vetabat resistentibus parci, sed mox donavit ampliore regno, quam tenuit*

Cependant les conditions du traité de Tilsit furent : que la Pologne prussienne serait séparée de ce royaume, sous le nom de grand-duché de Varsovie ; qu'elle appartiendrait au roi de Saxe : l'esclavage fut aboli et tous les hommes furent admis égaux devant la loi ; cette déclaration valait une bataille. Dantzich fut reconnue ville libre. Rien ne fut d'ailleurs changé à l'état de l'Europe, tel que Napoléon l'avait précédemment établi ; enfin il consentit également, pour plaire à l'empereur Alexandre, que les ducs de Saxe-Cobourg, Oldembourg et Mecklembourg-Schwerin, alliés de ce souverain, conservassent leurs états.

En Angleterre, Canning succédant à Fox, reprit la politique de Pitt ; ce qui devait fortifier chez l'Empereur la pensée du système de blocus continental ; quoique après la paix de Tilsit, la Grande-Bretagne eût fait rembarquer les troupes qu'elle avait envoyées tardivement en Poméranie ; et la Suède, évacué Stralsund. Le 29 juillet 1807, l'Empereur rentrait à Saint-Cloud et recevait par la voix de Lacépède, les félicitations du peuple et du sénat. En effet, jamais on n'avait, en moins de temps, imaginé, ni surtout exécuté de plus grandes choses.

Sauf l'Angleterre qui s'était emparée de Curaçao et du cap de Bonne-Espérance, l'Europe entière se reposait ; mais Napoléon ne pouvait dormir même sur le sein de la Victoire. Le Code destiné à remplacer des coutumes, souvent contradictoires ou absurdes, le tenait attentif ; il lui consacrait, sans être légiste, son œil profond, ses méditations et ses veilles ; il avait même saisi le nœud-gordien de la chicane et des procès, il allait le trancher avec la ferme épée d'Alexandre ; il s'arrêta lorsque son bras était déjà levé : *circà erat Phrygum turba et Macedonum ; illâ expectatione suspensa, hœc sollicita regis fiducia ;* le monde entier le déplore. Cependant le Simplon s'abaissait par degrés sous sa parole puissante ; les bassins d'Anvers se creusaient ; les vaisseaux s'élevaient de nouveau sur les chantiers avant de se précipiter dans les ondes ; Paris se trouvait embellie à chaque rayon du soleil. Après l'illustration des conquêtes, venait celle des travaux les plus utiles, des améliorations réelles, des monuments publics et des arts. Un Homère, un

Tacite, un Racine, un Montesquieu, manquent seuls à sa gloire.

Le Portugal ayant refusé de fermer ses ports au commerce de la Grande-Bretagne, Junot fut chargé de le conquérir et reçut une armée de 40,000 hommes. Il alla rapidement vers Lisbonne, mais le roi, les princes de la famille de Bragance l'avaient déjà quittée et s'étaient retirés au Brésil. En Espagne, Ferdinand, prince héréditaire, se révoltait contre son père Charles IV ; ils appelèrent l'un et l'autre de leurs différents au jugement de Napoléon, qui, se servant de cette désunion, envoya une armée. Le roi d'Espagne voulut aussi se sauver en Amérique, mais le conseil de Castille s'y opposa, ainsi que la populace d'Aranjuez, qui, quoique chérissant ses souverains, détestait l'infâme favori Godoy, surnommé le prince de la paix. Trois jours après cette émeute, Charles IV abdiqua. Après s'être introduit dans les forteresses de Pampelune, de Barcelonne, de Saint-Sébastien, de Montjouy, l'armée de Murat arrivait à Madrid : le roi, la reine, Ferdinand, les princes furent engagés à se rendre ou furent conduits à Bayonne, puis, retenus prisonniers. Alors Madrid voulut tenter un effort : cette démonstration en faveur de ses souverains, fut à l'instant rigoureusement réprimée ; l'Espagne se souleva.

Lucien Bonaparte, noble, héroïque, généreux caractère, ayant refusé le trône d'Espagne, son frère Joseph le reçut, et Murat fut rappelé pour aller occuper celui de Naples. Tous les pas de l'armée furent alors entravés, mais Bessières tua tant de monde à l'affaire de Medina, que 20,000 morts restèrent sur le champ de bataille : Moncey, fut moins heureux au siége de Valence. A Baylen, beaucoup de soldats furent faits prisonniers : c'étaient les premières fourches caudines de l'armée française en Espagne. On approcha de cette terrible Sarragosse, qui rappelle les cruels siéges de Tyr, de Syracuse et de Sagonte ; et l'Angleterre, toujours attentive, vint au secours de l'Espagne et du Portugal : elle souleva

Oporto, la seconde ville de ce dernier royaume. Ici paraissent Willington, qui avait fait la guerre dans l'Inde, et 20,000 anglais. A la Meida, il opposa, à l'attaque favorite des Français en colonnes massives, se précipitant sur un seul point, une nouvelle tactique en lignes parallèles, mobiles; il réussit.

La position de l'Espagne, n'était pas la seule qui allait occuper l'Empire. L'Autriche remuait sourdement; en 1808, des symptômes de guerre s'annonçaient : la Hongrie soulevait la tête et regardait autour d'elle ; les petits princes de la Germanie oubliaient leurs querelles particulières ; l'esprit national se montrait. Napoléon voulut s'assurer des dispositions actuelles de l'empereur Alexandre, et le 27 septembre, ils se rencontraient à Erfurt. Alexandre parut approuver la possession de l'Espagne et celle du royaume nouvellement créé d'Étrurie, ainsi que toutes les conventions de Tilsit : avant de se quitter il y eut une fête donnée sur le champ même de la bataille d'Iéna, si fatale aux Prussiens. Napoléon, toujours rapide, se trouvait à Erfurt le 14 octobre ; le 25, il ouvrit à Paris la cession législative ; le 2 novembre, il partait pour l'Espagne. Dix mille hommes s'avançaient vers l'Èbre ; le quartier général était à Vittoria, où s'était retiré le roi Joseph Bonaparte, lorsqu'il avait dû quitter Madrid. On défit Blake, on prit Burgos, on combattit les étudiants de Salamanque et de Léon ; il y eut ensuite les batailles d'Astorga, de Tudela : Napoléon se trouvait devant Madrid le 2 décembre ; le 4, le général Belliard s'en empare.

Sans entrer à Madrid, Napoléon fut contraint de revenir à Paris et de se diriger vers l'Autriche, où six corps d'armée s'étaient levés comme par enchantement. Surpris de cette attaque imprévue ; sans suite, sans gardes, sans troupes, il se rend à Francfort. En cinq jours il a rassemblé des soldats ; les combats de Pfenffenhofen préparent les savantes victoires d'Abensberg, d'Eckmulh et la prise de Ratisbonne, où lui-même est blessé. Déjà les restes de l'armée de l'archiduc Charles sont forcés de se replier sur la Bohême : en cinq jours également, tout s'est applani devant la marche de l'armée française ; une seconde fois, on s'est ouvert la route de la capitale de l'empire ; bientôt Vienne est forcée de capituler ; Vienne est prise.

La famille impériale s'était sauvée à Bub , sauf l'archiduc Maximilien et la jeune princesse Marie-Louise, alors malade. Napoléon n'entra pas à Vienne , il s'établit une deuxième fois à Schœnbrunn. L'archiduc Charles, n'ayant pu sauver la capitale s'apprêtait à la venger : il avait rassemblé des troupes en Bohême , tandis que l'archiduc Ferdinand, malgré Poniatowski, prenait Varsovie ; une commotion nationale, électrique, parcourait l'Allemagne et se communiquait au Tyrol. Napoléon occupait la droite du Danube ; ce fleuve était grossi par la fonte des neiges et les pluies ; on n'avait laissé subsister aucun pont, espérant traîner la guerre en longueur, pour affaiblir ainsi l'armée française. Napoléon résolut d'en jeter un à Ebersdorf, où le fleuve se sépare en cinq branches divisées par des îles, dont la plus considérable est l'île Lobau.

Les Autrichiens ne s'opposant pas au passage, c'était une grande bataille qu'ils cherchaient ; le lendemain, sur cinq colonnes, toutes les forces autrichiennes avançaient. Le village d'Aspern fut pris, rendu, repris, le carnage devint effroyable ; les Autrichiens attaquaient avec fureur ; les Français en mettaient à la défense. Essling fut trois fois attaqué ; trois fois courageusement défendu, quoique Lannes, sans le secours d'une charge à fond de cavalerie, ordonnée par Napoléon, se serait trouvé perdu. Le combat dura jusqu'à la nuit. Le lendemain, les deux armées ayant reçu des renforts, tout fut à recommencer. Les Français s'emparèrent d'abord de l'église d'Aspern ; les Autrichiens l'attaquaient ; mais Napoléon ayant remarqué que l'ennemi refusait le centre et la droite de sa ligne, comprit que ces parties se trouvaient affaiblies à dessein, pour agir avec effort sur un autre point. Il s'avance donc avec toutes ses forces pour les assaillir. L'armée autrichienne fut refoulée et se trouvait presque rompue, lorsque l'archiduc Charles apercevant ce mouvement, amena des réserves, rétablit les trouées, et se saisissant d'un drapeau, conduisit lui-même ses grenadiers à la charge, remplissant ainsi le devoir d'un général et celui d'un soldat. Pendant ce temps, le pont jeté sur l'île Lobau se trouvait emporté ; les Français, furent donc forcés de veiller à ne pas laisser couper les moyens de retraite. Dans ces terribles journées, Lannes eut les deux jambes fracassées et 40,000 hommes furent tués.

L'Autriche conseillée par son courageux général Hiller, qui offrit de forcer à l'instant le passage et de payer l'insuccès de sa tête, ne le fit pas. Napoléon qui savait mieux forcer la Fortune à lui obéir, convertit l'île Lobau en forte citadelle : ne négligeant aucune éventualité, trois ponts furent construits au lieu d'un. L'archiduc Jean, toujours suivi par Eugène Beauharnais, pour joindre l'armée autrichienne, se repliait sur la Hongrie. Napoléon ne le prévint pas ; il passa le Danube pendant la nuit, et le lendemain ses troupes engageaient la bataille sur l'extrémité gauche de l'archiduc Charles ; menaçant ainsi son flanc et les derrières de son armée. L'archiduc vit le danger de sa position et voulut tourner la droite de l'armée française, tandis que celle-ci faisait un effort pour forcer le centre Autrichien et s'emparer de Wagram. Ce village fut pris, repris, une seule maison restait à l'archiduc Charles, lorsque la nuit mit fin à la bataille. Cette nuit fut employée à expédier des courriers à l'archiduc Jean, afin de presser son arrivée. Le lendemain 6 juillet, vint cette terrible et décisive bataille de Wagram, où l'archiduc Charles, ayant trop étendu ses lignes, affaiblit ainsi le centre de son armée ; ce fut en effet là, que Macdonald et Lauriston se frayèrent un chemin qui les conduisit à la victoire. Napoléon à cette journée montra non-seulement ses talents, mais son courage, il se trouvait continuellement au plus fort de la bataille et semblait marcher à côté du danger. La déroute fut complète ;

l'archiduc Jean arriva, mais trop tard ; Napoléon avait tout calculé. Après l'armistice de Znaïm et l'abandon de Gratz, de Brunn, il retournait à Schœnbrunn ; d'où il annexait les États Romains à l'empire. Méditant sur les conditions qu'il se proposait d'accorder à l'Autriche, il veillait sur son armée. Un mot de plus et l'Autriche disparaissait : l'Europe fut étonnée des conditions modérées, l'union dès lors projetée avec la princesse Marie-Louise en donna l'explication. La cérémonie fut célébrée à Paris, par le cardinal Fesch, oncle de l'Empereur. La France eut des concerts, des bals, des fêtes, des illuminations, des réjouissances de toute espèce ; mais la nation restait triste, inquiète et résignée ; elle entrevit dès ce moment, un grand fardeau de gloire et de longs malheurs à porter.

Au milieu des succès, de la résistance et des revers, l'Espagne dévorait les armées ; pour servir de contre-poids, la Hollande, le cours du Rhin, se trouvaient réunis à la France. Louis Bonaparte déposait entre les mains de l'Empereur, cette couronne qu'il n'avait jamais demandée ; il s'était montré juste, humain, généreux pendant les courts instants de son règne. Par un singulier contraste, pendant qu'un officier de fortune était choisi pour régner en Suède, Lucien écrivait en exil, à Londres, son poème de Charlemagne ; et Joseph, roi d'Espagne, offrait chaque jour de rendre un royaume, qu'un peuple fier, mais conquis, lui refusait. Alors, avec de grandes réjouissances publiques et de plus grandes douleurs maternelles, naquit l'enfant, sur lequel le monde paraissait devoir s'appuyer ; il fut nommé : le roi de Rome.

Napoléon à Tilsit avait toléré les vues ambitieuses de la Russie sur l'Empire Ottoman ; sa nouvelle alliance avec l'Autriche, modifiait aujourd'hui sa condescendance et ses vues. D'ailleurs Alexandre ne voyait pas sans mécontentement Oldenbourg, la Pologne et les nombreuses garnisons détachées en Allemagne. L'Espagne occupait 250,000 hommes ! la Russie le savait ; enfin Napoléon avait une armée formidable, il rêvait pour l'Europe et peut-être le monde entier, un seul code, une seule monnaie, une seule capitale qu'il voyait alors forte, redoutable et si resplendissante étendue à ses pieds. Jusque là les peuples du nord avaient toujours envahi les contrées méridionales, plus productives et plus fertiles ; le contraire allait s'offrir. La France pénétrait chez les Sarmates et dans l'ancienne Scythie. L'Allemagne et notamment l'Autriche avaient été deux fois vaincues en étendant trop leur ligne d'opération ; le conseil de St.-Pétersbourg résolut de plier prudemment devant des armes reconnues invincibles et de les attirer, pour les mettre ensuite en opposition avec les éléments, dans l'intérieur du pays. Napoléon avait dirigé sur la Russie des provisions innombrables, mais avant d'arriver au Niémen, elles ne trouvèrent que des chemins impraticables. Il fallut avoir recours aux privations dès l'entrée en campagne ; en avançant la déroute commençait : vingt-cinq mille malades se réfugiaient dans Wilna ; dix mille chevaux tombaient de faim et de fatigue. Le Roi de Westphalie ayant étendu plus loin ses prévisions, perdit moins de monde, et les 30,000 hommes sous son commandement purent tous agir activement ; il le fit sentir à Bagration, quoique l'injustice le nia par la suite. Napoléon avançait sur Vitepsk, ce qui força Barclay-de-Tolly de marcher au secours du second corps d'armée russe, qu'il apprit ensuite se retirer sur Smolensk ; il le joignit. Napoléon s'empara du camp fortifié de Drissè et de Vitepsk : les généraux ennemis ayant espéré le surprendre, il transporta avec sagacité son armée de la Dwina sur le Dnieper ; ensuite il avança sur Smolensk, où Ney fut blessé, où Murat montra beaucoup de prudence dans le conseil qu'il osait donner, ainsi que de courage. Les Français pénétrèrent dans la ville le 18 août 1812 ; elle brûlait : ces flammes annonçaient l'esprit national, le désespoir et la résistance. Cependant il fut résolu de marcher sur Moscou.

Cette retraite continuelle devant l'armée française irrita les esprits, et Kutusoff remplaça Barclay. Il prit l'offensive, mais il en fut cruellement châtié à la bataille de Borodino ; 45,000 hommes furent mis hors de combat ; les Français perdirent moins que la moitié de ce nombre. Kutusoff, effrayé de ses pertes, reprit le système de retraite de Barclay et la route de Moscou ; où Rostopchin commandait. Le 14 septembre, tandis que l'arrière-garde des ennemis la quittait, Moscou se présentait à l'armée française ; elle était déserte ; 250,000 habitants l'abandonnaient : nos colonnes y pénétrèrent sans trouver d'autre opposition que l'isolement, la solitude et le silence. A minuit, la ville s'enflammait, et Napoléon surpris de tant de dévouement et de courage, écrivit à l'Empereur pour lui offrir la paix. Les soldats éteignirent le feu, mais il reprit la nuit suivante ; *bellum ex victoriâ nascitur.* Forcé de sortir du Kremlin, où le danger l'entourait, il vit Moscou s'allumer de nouveau, sans relâche ; rien ne fut plus fatal à l'armée française. Depuis lors les revers commençaient à planer sur la tête de Napoléon ; ils ne devaient s'arrêter que lorsqu'il serait descendu dans la tombe ; mais il reste d'inconcevables prodiges de valeur, de fierté d'ame à constater ; peut-être sera-t-il jugé plus grand dans ses malheurs que dans tout l'éclat de sa fortune.

Il est impossible de ne pas rappeler, quoique brièvement, cette pénible retraite de Russie. Napoléon n'ayant pas reçu la réponse d'Alexandre, quitta Moscou après un mois d'attente et de séjour. Son armée était partie de France, confiante et joyeuse, comme allant à de faciles conquêtes, à une partie de fête et de plaisir ; elle jetait maintenant des regards mornes, inquiets sur les difficultés du retour et la distance ; la capitale qu'elle abandonnait, se trouvait réduite en monceaux de décombres ; quels seraient les maux, les privations, les douleurs qui devaient l'accompagner sur une route si difficile et si longue ? Partout des chemins impraticables ou rendus tels, des villages, des maisons en bois, incendiés ; des forêts, des marécages, des terrains bourbeux ou glacés ; nul secours, nul abri, nulle espérance ; le triste hiver, le froid, la neige se préparaient à couvrir d'un linceuil funèbre cette armée si formidable il y a quelques mois, et qui ne marchait plus que précédée au loin par l'inquiétude, la crainte et le désespoir. Il n'y avait plus devant elle des exploits glorieux, de riches et fertiles provinces, la renommée des batailles, mais des actions partielles, des actes de courage perdus, isolés ; un climat indomptable, des Russes que l'on supposait inhumains et sauvages, des cosaques toujours à cheval, toujours harcelant ou prévenant l'armée ; la nudité profonde de la distance et la faim.

Après les premiers quoique pénibles efforts, elle atteignit le village de Borodino, si célèbre sous le nom de la Moskova ; elle y trouva les tristes et sanglants débris de son dernier succès ; elle n'avait encore parcouru que trente lieues de pays, et déjà, elle se sentait épuisée. Ô revers ! ses conquêtes la remplissaient de douleur ; ses conquêtes la faisaient fuir. On y trouva des blessés qui avaient survécu au milieu de toutes les souffrances ; les uns s'efforcèrent de se traîner à la suite de l'armée ; les autres furent abandonnés aux vains regrets et à la mort. Vainement ces derniers tendaient leurs cris et leurs mains suppliantes à des compagnons, qu'ils avaient peut-être sauvés au milieu de la guerre et du courroux ; la retraite avançait, avançait sans relâche, sans trève, sans humanité, sans pitié : celle-ci allait d'ailleurs bientôt trouver des chemins de plus en plus difficiles ; bientôt elle-même allait chaque jour, en détail, se coucher sur la glace et périr.

Partout on abandonnait des caissons, des blessés, des canons, des vêtements ou des hommes ; c'est ainsi que l'armée arrivait à Smolensk. Cinq jours de repos furent jugés indispensables : il fallut ensuite reprendre le même chemin, et combattre de nouveau les éléments et les enfants du désert. Les différents corps se distinguaient à peine ; ils étaient mêlés, confondus ; cependant la cruelle vengeance suivait cette armée et les trainards ; les Cosaques, les Tartares, se montraient sans pitié. A mesure que l'ar-

mée française s'affaiblissait, les Russes la serraient de plus
près. Il fallut combattre souvent dans cet état déplorable,
et, quoique fermant la marche et venant le dernier, Ney
refusa de se rendre. Napoléon conduisait la tête de son
armée; comme en Égypte, il marchait avec ses troupes
et consolait les soldats. Après des efforts, qui paraissaient
insurmontables, on arrivait enfin au dernier élan de cette
lutte cruelle et barbare; on découvrait les bords de la
fatale Bérézina, où se passa, au milieu du désordre, de
l'effroi, des cris, des gémissements longtemps égarés et
plaintifs, un des faits les plus navrants de l'histoire.

Le 29 novembre, on quittait les tristes bords de cette
Bérézina, avec une armée plus désorganisée que jamais.
Le 4 décembre, le thermomètre s'abaissait jusque 20 degrés. Lorsque l'Empereur fut arrivé à Smorgoni, il donna
ses premiers soins à la retraite sur Wilna; ensuite, après
avoir nommé Murat généralissime, il prépara son départ.
Il sortit de Smorgoni avec trois traîneaux, à dix heures
du soir; le 10 décembre, il était à Varsovie, le 14 à Dresde;
dans la nuit du 18, il arrivait à Paris.

Après avoir vérifié l'administration et fait communiquer
toutes les parties avec l'impulsion générale, il assembla
350,000 hommes; on eut dit que la terre les produisait.
Outre les garnisons de Dantzick, de Thorn, de Custrin,
augmentées des débris de la grande armée, il avait des
forces en France, en Italie, en Espagne, en Belgique,
en Pologne. Cependant la Russie avançait et Frédéric de
Prusse, se souvenant de son infortune, alla se jeter dans
ses bras. Le 16 mars 1813, Blucher était nommé général
en chef et la guerre était déclarée. L'Autriche parut vouloir rester neutre quelque temps; elle ne se rapprochait
pas décidément de la coalition, mais elle ne désirait pas
s'unir à la France; elle paraissait vouloir l'équilibre eu-
ropéen. Ce n'était pas le système de Napoléon : il avait
résolu d'anéantir la Prusse et proposait à l'Autriche de
lui céder la Silésie; mais cet empire, craignant pour lui-
même, avait intérêt à soutenir le faible contre le fort.

Napoléon voulait, avant tout, continuer la guerre d'Espagne et celle de Germanie. D'un autre côté, l'Angleterre, après les désastres de Russie, n'entendait rien céder de ses prétentions. Le sort de l'Europe allait donc dépendre encore une fois du destin et de la guerre. Marie-Louise fut chargée de la régence.

Cependant les Russes et les Prussiens avançaient en Allemagne ; le roi de Suède fournissait 35,000 hommes : Hambourg, Lubeck, se déclaraient pour les alliés, ainsi que d'autres villes ; les Français se retiraient sous Magdebourg. Le roi de Saxe demandait la neutralité ; l'Empereur de Russie et le roi de Prusse entrèrent dans Dresde ; Thorn, Spandau, se rendaient aux alliés ; mais Napoléon parut avec une nouvelle armée et l'inquiétude se répandit comme un nuage orageux ; les deux souverains s'étaient d'ailleurs exposés en passant l'Elbe. Eugène rejoignait sur la Saale, Wittgenstein remplaçait Kutusoff ; Bessières, triste présage de la guerre à venir, tombait à Ripach. Le génie de Napoléon se dressait à Lutzen de toute sa hauteur ; il montrait qu'il ne s'était pas engourdi sous les frimats de la Russie, et que si la fortune lui manquait, il savait du moins la saisir dans ses heures de repos ou de sommeil ; vingt mille morts ou blessés jonchèrent le champ de bataille ; beaucoup de prisonniers nous restèrent. Les souverains furent repoussés sans conserver même l'espoir de s'attirer le roi de Saxe ; les Danois, vacillants, s'étaient remis dans la parti de la France ou du vainqueur ; Hambourg fut repris, et l'Autriche fit alors un nouvel effort, pour ramener la paix générale. Napoléon, le 18 mai, se rendit à Bautzen. Ayant remarqué la petite ville de Bischoffswerder, brûlée dans une attaque, il remit 100,000 francs aux habitants, comme premier secours, et déclara qu'il la rebâtirait à ses frais ; ensuite il alla reconnaître la position de l'ennemi, car son esprit inventif devait encore se montrer. Ney, selon ses instructions, tourna la difficulté que présentait la bataille, ensuite, lui-même se précipita sur elle avec une de ses attaques désespérées. Les alliés ne manquèrent pas d'exercer son activité, mais ils ne purent gagner ni la Silésie, ni Breslau. Le 22 mai un boulet tua près de lui un homme de son escorte; plus loin un second boulet tua le général Kirgener et blessa mortellement Duroc, à qui l'Empereur venait de parler. Napoléon parut visiblement affecté de cette mort, le sort lui portait de grands coups; en effet il est présumable que Duroc et Bessières, amis de Napoléon dans tout l'éclat de sa fortune, ne l'auraient pas trahi, au moment du désastre et du malheur. De Bautzen il marcha sur Breslau et fit lever le siége de Glogau. L'armée ennemie se retira vers la haute Silésie, et même la démonstration de marcher sur Berlin, ne put la ramener au combat. L'on admit un armistice et l'on espéra quelque temps que les armes allaient enfin céder à des conventions équitables.

Les victoires de Lutzen, de Bautzen étaient dues au seul génie de Napoléon; elles étaient si brillantes qu'elles lui firent rejeter les propositions de Metternich : l'Autriche mit alors son épée dans la si fatale balance; cependant cette épée, Napoléon, deux fois, avait pû la briser ! Il faut être impartial, les conditions de l'Autriche, pour l'Empereur des Français à cet instant vainqueur, n'étaient pas acceptables; peut-être l'Autriche ne voulait-elle garder que les dehors de la modération et de la probité ? l'Angleterre n'aurait pas exigé davantage.

Dresde devenait le centre des opérations; Torgau, Magdebourg, Wittemberg, s'y ralliaient; 250,000 hommes étaient rassemblés en Saxe, en Silésie; Oudinot se trouvait à Leipsick. Les alliés confièrent le tracé du plan de leur campagne à Moreau, qui revenait d'Amérique, sur les sollicitations de la Russie. Cet homme célèbre et malheureux, la France doit l'accuser avec regret; appartiendra-t-il à la postérité de l'absoudre ? cette seule tache cependant toujours restera. Il comprit qu'il fallait forcer Dresde avant l'arrivée de Napoléon. St.-Cyr y commandait avec 20,000 hommes, ce qui était insuffisant pour garnir tous les points contre une force au moins décuple : sa résolution fut héroïque ; il résolut de tenir. Le 26 août, les ennemis avancèrent sur six colonnes ; le feu des remparts les repoussa, mais il s'emparèrent d'une grande redoute, à l'une des portes de la ville. Les bombes, les boulets s'amoncelaient de toutes parts, lorsque d'autres colonnes, marchant avec la rapidité d'un torrent, s'avancèrent sur la droite de l'Elbe et pénétrèrent aussi dans la ville ; Napoléon s'y trouvait. Les soldats demandèrent eux-mêmes la bataille ; Ney et Mortier les conduisaient. Le 27 elle recommença, elle fut entièrement en faveur des français. Napoléon força les ennemis à la retraite, tandis que du côté de la Bohême, Murat, et du côté de Pirna, Vandamme se trouvait. Moreau périt sous les murs de la ville contre laquelle il dirigeait l'attaque.

Les alliés ayant reçu de nouveaux renforts, Napoléon dut craindre de se voir enfin couper toute communication avec la France ; il se retira donc sur Leipsick. C'est là que se donna, le 16 octobre, cette effrayante bataille qui devait décider du sort de l'Empire ; comme la plupart des grandes batailles de Napoléon, elle dura plusieurs jours. Trois nations puissantes avaient maintenant réuni toutes leurs forces pour l'opprimer ; il était grand mais il était seul : je me trompe, il y avait Bertrand, Augereau, Victor, Lauriston, Macdonald, Sébastiani, Latour-Maubourg, Kellermann, beaucoup d'autres et Poniatowski. Il ne donna rien au hazard, il visita tous les postes, et fit jurer aux soldats de défendre la gloire de la France ; ils tinrent leur parole, cette gloire affermit leur courage et leur servit de linceuil ; les ennemis étaient trois contre un ! Napoléon ne déploya jamais plus de talent, de fermeté, d'action ; il aurait vaincu, s'il était donné à l'homme de surmonter la fortune, le nombre et le destin. La retraite commença : Napoléon ne se coucha pas, il passa la nuit à donner des ordres, il en confia pour la dernière fois à Poniatowski, que l'Elster devait recevoir et engloutir ; lui du moins resta fidèle à l'Empereur tant que dura sa vie. Combien d'autres craindraient d'interroger sa mémoire, quoiqu'ils en eussent reçu plus de secours, d'honneurs et de bienfaits ! L'Europe paraissait s'écrouler sur lui seul, Napoléon resta calme ; il demeura deux jours à Erfurt. Son armée fut encore victorieuse à Hanau ; ce fut son dernier exploit en Allemagne ! Il revint à Paris. L'Italie, l'Espagne, le Pape, la Hollande, reprirent leur gouvernement ou des souverains.

Restait la France que les ennemis allaient envahir. La garde du Rhin fut confiée à 40,000 hommes. La Prusse, l'Autriche se souvenaient de ce fleuve, jadis républicain; elles en redoutaient jusqu'aux rives, et, pour parer à tous les revers, cinq cent mille bayonnettes avançaient. Craignant encore un soulèvement général, elles offraient des conditions de paix ; mais plusieurs partis, en rivalité de principes, d'égoïsme ou d'intérêts, déchiraient la France; celle-ci devait se retirer dans ses anciennes et primitives limites : Napoléon ne les accepta pas ; cependant il est présumable, que s'il eût demandé quelques concessions en faveur de Murat, d'Eugène Beauharnais et surtout de Louis Bonaparte, que la Hollande regrettait, ces demandes eussent été accueillies.

Il exigea 300,000 conscrits, et l'assemblée législative, pour la première fois, osa faire des remontrances : elles occasionnèrent sa prorogation, mais ne changèrent rien à la détermination prise. Le jour, il inspectait les régiments, les ateliers, les vivres, les préparations pour les armées ; la nuit se passait en travail ; réellement infatigable il méritait le succès. D'ailleurs, les trois nations qui voulaient anéantir les conquêtes de la France n'étaient-elles pas celles qui s'étaient partagé la Pologne ? On résolut de traverser la Suisse ; Alexandre, fidèle à ses principes d'équité, s'y oppose, ensuite il y consent. Le 21 décembre, Schwartzenberg traverse le Rhin sur quatre points, et s'avance sur Langres ; il marchait avec tant d'inquiétude et de précaution qu'il n'y arriva que le 17 janvier 1814 ; une division continua sur Dijon qui se rendit. Lyon, beaucoup plus considérable, ayant d'ailleurs des troupes pour la secourir, se préparait à la défense. L'armée de Silésie avait trouvé plus de difficultés en bloquant Metz, Sarrelouis, Thionville, Luxembourg, et traversant des défilés avant d'arriver sur Joinville, St.-Dizier et Vitry. Il y avait une troisième armée sous Bernadotte, mais à la vue de son ancienne patrie, il s'arrête à Cologne. Quelques troupes furent détachées : après avoir parcouru la Hollande, bloqué Anvers, Berg-op-zoom, elles entrèrent par la frontière Nord-Est et pénétrèrent jusques Laon. Le point convergeant de ces opérations était Paris ; mais derrière se trouvaient le Rhin, des forteresses, un peuple qui pouvait se réveiller un instant. Napoléon bondit sur la scène avec l'acharnement du désespoir, mais il bondit comme un lion ; cependant celui qui avait organisé des armées de 6 à 800,000 hommes, n'en avait que 70,000 lorsqu'il s'agissait de défendre la capitale et l'intérieur du pays. Il arrive à Châlons espérant battre les alliés séparément ; nul n'avait plus de droit d'y prétendre par son activité, ses inventions et son nom qui seul, réduisait tout à la crainte. Il se dirige ensuite sur Brienne pour lui rempli de souvenirs : il arrive et Blucher est surpris, la cavalerie russe doit fuir au milieu de l'étonnement et du désordre ; mais les russes se rallient et reviennent à la charge avec tant de précipitation, qu'il est forcé de défendre sa personne et que plusieurs soldats tombent près de lui. Lefèvre-Desnouettes est grièvement blessé en marchant à la tête de ses gardes : le village est incendié ; jusques fort avant dans la nuit, tous les efforts de l'ennemi sont tentés, mais sans succès ; Blucher doit se sauver de Brienne.

Napoléon était cependant entravé de toutes parts : ceux qui lui étaient opposés, semaient la crainte, l'exemple de l'insubordination, la défiance. S'il eût alors essayé de faire un appel à la liberté du peuple, aux vrais principes toujours généreux et puissants ; comme le vent qui soulève le sable des dunes, ses ennemis, qui s'étaient emparés d'une partie du pays , auraient été soulevés et balayés avec toute la vitesse d'un ouragan, du sol natal de la France. Combien d'hommes remplis de patriotisme et d'énergie, disaient alors avec indifférence : *quid refert meâ, cui serviam , clitellas dùm portem meas?*

Après la bataille de Chaumont, Bonaparte gagna Troyes: derrière l'Aube se trouvaient les débris de la vieille garde; il agit alors si prudemment et fit des démonstrations si opportunes , qu'il jeta Schwartzemberg loin de l'armée prussienne, en l'attirant sur Bar – sur – Seine. Blucher poursuivait Macdonald; Schaken était à Laferté; York venait sur Meaux. Cette position était difficile mais elle n'était pas au–dessus des ressources de l'invention qui voulait alors attaquer le flanc et les derrières de l'armée prussienne. Le temps affreux , les difficultés locales , le mauvais état des campagnes et des chemins , rien ne l'arrête. La glorieuse affaire de Champ-Aubert en fut le résultat. Deux mille prisonniers , l'artillerie des ennemis , ceux-ci en déroute complète ; Schaken ne venant au secours des siens que pour se ranger parmi les fuyards ; voilà ce qui eut lieu. Dans cette brillante expédition de la Marne , toute la destinée de Napoléon reparaissait. Paris craignait les ennemis , elle vit arriver des prisonniers ; en place de deuil, il y eut un instant de joie et d'admiration générales.

A Montereau , Napoléon se montrait encore une fois non–seulement général mais artilleur : un boulet ayant passé près de lui , il dit à ses soldats : mes enfants , celui qui doit me tuer n'est pas encore fondu ; en effet , il devait mourir d'une mort plus lente et plus douloureuse. L'ennemi se replia sur Langres et vers Nancy. Blucher tira vers le nord , pour attendre Bulow et Winzengerode. Lichtenstein attendait pour convenir d'un armistice ou de la paix. L'Autriche était parvenue , à force de sollicitations , à gagner Murat : cette défection gênait Eugène Beauharnais qui soulevait l'Italie et l'empêchait de se joindre à Augereau, qui venait de Lyon , comptant sur les Vosgiens, ce qui eut infailliblement coupé toute possi=

bilité de retraite. La Flandre était perdue , mais Carnot
résistait à Anvers. D'un autre côté , Bulow arrivait à Laon
et se joignait à Winzengerode et à Blucher : les princes
de la famille de Bourbon ne restaient pas inactifs ; le duc
d'Angoulême se trouvait avec les Anglais à St.-Jean-de-
Luz ; le duc de Berry s'arrêtait à Jersey ; Monsieur pénétrait à Vesoul. Soult et Clausel s'opposaient à Wellington. Napoléon répondit à Caulaincourt qu'il ne céde-
rait rien de la France ; les victoires de Montmirail et de
Champ-Aubert le trompaient. Il supposait Paris hors de
danger, il comptait sur des hommes qu'il avait accablé de
distinctions , de richesses et de faveur , il comptait sur la
détermination, la honte, la reconnaissance ; il eut tort.

Toujours indomptable, toujours intrépide , il attaque
Blucher près de Soissons après l'avoir molesté la veille à
Craonne , puis il vient sur Rheims, blesse le général ennemi , s'empare de la ville ; il y resta trois jours ; ensuite il
force les alliés à évacuer Arcis-sur-Aube : un échec étant
survenu , il tire son épée , se place à la tête des troupes
et se montre encore une fois, le soldat de Brienne. Son
aide de camp Girardin , détourne une lance cosaque de sa
poitrine ; son mameluck Roustan , se bat près de lui. Arcis
est brûlée, la nuit seule sépare les combattants ; mais toutes les forces ennemies s'étant enfin ralliées, il dut se retirer : pendant deux jours , il avait tenu tête, avec 25,000
hommes, à 80,000 ennemis ; il les avait battus. Le 22
mars , il traverse la Marne , voulant éloigner les alliés de
Paris , en les attirant sur Vitry et l'est de la France ;
mais ils continuèrent à marcher sur la capitale. Celle-ci
se défendit , mais il lui manquait la tactique et la promp-
titude de détermination de l'assaillant de Toulon et du
vainqueur du prince Charles. Le 27 mars, Napoléon ap-
prend, près de Vitry, que les alliés avancent sur Paris ; il fait
quinze lieues avec son armée, mais le 30 il sut qu'il
était trop tard , du moins pour devancer l'ennemi sur la
capitale. Il quitte Troyes, se rend à Villeneuve-l'Arche-
vêque , puis à Fontainebleau ; là, il prend une voiture

et se précipite vers Paris : en route il trouve le général Belliard et sa cavalerie qui lui apprennent que Marie-Louise est en fuite, un gouvernement provisoire établi, qu'il n'y a plus d'espoir de vaincre. Les actes de faiblesse, de trahison, d'égoïsme, de basse flatterie, d'humiliante servilité inondaient la France ; ils font rougir l'historien : les vrais républicains seuls n'insultaient pas à sa défaite ; ils plaignaient l'infortune d'un héros et les malheurs de la patrie.

A cette nouvelle Napoléon retourne à Fontainebleau. Le 4 avril, il passe encore une fois ses troupes en revue; un immense cri s'élève avec ces mots : Paris! Paris!... Mais il est dissuadé de cette entreprise par ses généraux, qui l'engagent à abdiquer : il prend la plume, il écrit cette abdication : lorsqu'il la remet à ses maréchaux, ceux-ci lui demandent ce qu'il exige personnellement des alliés ? il répond : rien pour moi, tout pour la France ; il tomba sur un fauteuil après avoir prononcé ces mots. Les troupes étrangères, la défection l'entouraient; il était dans un palais mais prisonnier de guerre ; il était dans l'infortune et ne trouvait plus un ami ! On lui donna la souveraineté de l'Ile-d'Elbe. Le 20 avril, avant de quitter le sol français, il fit ses adieux à sa vieille garde impériale ; elle était sous les armes, morne, silencieuse, attentive ; non-seulement elle rugissait d'humiliation ; elle pleurait.

La nécessité prononçant, il ne jeta plus qu'un long regard de regret sur la France et se rendit à l'Ile-d'Elbe : *Insula inexhaustis chalybum generosa metallis.* En quelques jours il parcourut en entier, ses productions, ses mines, ses ports, ses forêts, ses marais-salans : sa population, ses intérêts, son industrie, son avenir, tout était épuisé ; il commandait à la fois les travaux les plus surprenants et les améliorations les plus réelles; il ordonnait des routes, des aqueducs, deux palais, des écuries, un lazaret, des fontaines publiques, des constructions pour la pêche du thon ; il n'était plus Empereur des Français, mais l'Empereur de l'Ile-d'Elbe; il réclamait égale-

ment l'obéissance et le respect. Sa mère, sa sœur Pau-
line étaient venues le visiter ;. sa femme Marie-Louise ne
le rejoignit pas. En France, les Bourbons récompensaient
ou favorisaient leurs créatures, et tous ceux qui s'étaient
précipités aux pieds du pouvoir ; c'était fort naturel,
mais on fesait des mécontents. Une nouvelle charte était
accordée par le souverain, mais elle n'émanait pas de la
discussion et de tous les besoins réels de la nation ; on
accordait quelque chose à la liberté d'écrire et de penser,
mais on ne diminuait surtout pas les impôts ; on avait
promis des merveilles, on tenait peu. Il y avait des in-
quiétudes pour l'avenir ; des regrets, des souvenirs et
des plaintes. Ces nouvelles devaient nécessairement tom-
ber avec les papiers publics sous les regards de l'homme
le plus habitué à pénétrer à pas de géant dans les besoins
des temps modernes. Il reparut à Cannes, à Grenoble
et à Lyon.

Un million d'ennemis se dirigeaient vers la France :
Napoléon avait à peine 125,000 hommes ; sa seule res-
source était d'attaquer encore une fois leurs armées séparément. Après avoir ouvert le champ de mai, qui sauf
l'enthousiasme populaire ne répondit pas à ses espérances,
il prévient l'arrivée des russes et de Schwartzenberg,
tombant en Belgique sur Blucher et sur Wellington. Le
15 juin, malgré la trahison qui l'entoure, il bat les Prussiens, prend Charleroi, gagne les actions de Ligny et des
Quatre-Bras : enfin le 18 juin 1815, il s'arrête devant
Waterloo, dernière bataille tristement célèbre :

> Où sa gloire mourut, mais ne se rendit pas.....

De tant de gloire et de puissance conquises, d'une vie
si remplie d'illustration réelle, rien ne restait à Napoléon
que le souvenir ineffaçable de ses victoires et l'étonnement de l'univers. Il s'était montré conquérant, protecteur des arts, législateur, diplomate ; non satisfait d'avoir
déployé toute la puissance du génie, d'avoir tout em-
brassé, il semblait dans une seule existence avoir dévoré

plusieurs vies ; il était sans contestation le premier homme de son siècle ; il méritait d'aller mourir en exil. L'Angleterre céda-t-elle à la crainte de nouveaux revers européens ; poursuivait-elle dans un triomphateur étranger celui que le monde entier ne paraissait pouvoir soumettre ni même contenir ? Admettons l'une et l'autre supposition pour réserver à ce pays le rang qu'il tient avec tant de gloire, d'indépendance et de liberté parmi les bienfaiteurs de la création et les peuples ; mais l'Angleterre ne pouvait-elle choisir une autre demeure, pour cet esprit supérieur, que ce rocher de Sainte-Hélène, placé à 17 degrés de sables brûlants, au sein des mers ? Etait-elle généreuse, était-elle grande en préparant cette géole, en se constituant exclusivement la gardienne et bientôt l'exécutrice de son prisonnier ? Devait-elle oublier que cet homme supérieur, si longtemps puissant, avait aussi dominé sur le monde ? Qu'il avait été l'émule des souverains qui s'étaient réunis pour le punir de sa renommée et l'accabler dans ses revers ? Oui, la mort de Napoléon errant, isolé sur le donjon maritime de Sainte-Hélène, sera toujours une tache ineffaçable tracée avec le burin de l'acharnement, de l'injustice, de la vengeance et de la haine au fronton des faits surprenants et des annales de l'histoire, comme aux regards de la postérité.